WOSCHOFIUS

HANDBUCH DER EROTISCHEN SZENARIEN UND ROLLENSPIELE

75 Rollenspiele und Spiel-Settings von erotisch prickelnd bis zu gewagt

MARQUIS
www.marquis-magazine.com

1. Auflage Juli 2023

Satz: Nicole Laka

Titelbild: Sweet Severine, fotografiert
von Peter W. Czernich
Hintergrund von gitusik via Adobe Stock

ISBN (print): 978-3-86608-161-1
ISBN (ebook): 978-3-86608-162-8

Möchtest du über unsere Neuheiten auf dem Laufenden bleiben? Oder möchtest du uns sagen, wie Dir das Buch gefallen hat? Sende uns eine E-Mail an top@salax-verlag.de. Wir freuen uns!

MARQUIS Magazine
www.marquis-magazine.com

VORWORT

Dies ist der dritte Teil meiner Sachbuchreihe über erotische Aufgaben und Strafen. Dieses Buch widmet sich den etwas aufwändigeren Szenarien und Rollenspielen, wobei es keine Sammlung der klassischen Rollenspiele in der Art «Krankenschwester und Patient» oder «Lehrer und Schülerin» oder «Polizist kontrolliert Verkehrsteilnehmerin» darstellt.

In jedem Kopf schwirren Fantasien umher, die darauf warten, herausgelassen zu werden. Doch wie?

Dieses Buch beschreibt daher zuallererst die grundlegenden Dinge, die man beachten sollte, damit die Umsetzung der Fantasie auch gelingt. Es geht also zuerst darum, die Szenarien möglichst glaubhaft und authentisch zu gestalten. Im zweiten Teil des Buches wird dies dann anhand von vielen Beispielen detailliert erläutert.

Dieses Buch gliedert sich in reale und virtuelle Spiele sowie in Outdoor-, Party- und Indoor-Aktivitäten und Spiele mit mehreren Personen oder sogar Fremden. Die Beschreibungen, die in diesem Buch zu finden sind, sind wie kleine «Kochrezepte» zu verstehen, die die notwendigen Utensilien und Mitspieler, den Aufwand, die Risiken und natürlich einen möglichen Ablauf wiedergeben. Besonders wichtig ist mir dabei, dass die Spiele authentisch wirken und nicht ins Lächerliche abgleiten.

Ich hoffe, euch einige Anregungen geben zu können, möchte aber darauf hinweisen, dass ich keine Haftung für euer Tun übernehme und euch auch nicht dazu auffordere. Geht mit

gesundem Menschenverstand an die Sache heran, macht nur Dinge, die ihr könnt und beherrscht, zwingt niemanden zu etwas, und achtet auf eure Sicherheit und darauf, dass ihr niemanden belästigt.

Bevor ihr irgendetwas in diesem Bereich ausprobiert, bitte ich euch, dass ihr euch vorher erkundigt, was, wie, wo und wann funktioniert, ohne dass es zu Verletzungen kommt. Hierzu gibt es im ersten und zweiten Band dieser Buchreihe reichhaltige Hinweise.
Nun bleibt mir nur noch, euch viel Spaß beim Lesen, Entdecken und Ausprobieren zu wünschen!

Woschofius

INHALT

ZUM GEBRAUCH DES BUCHES

Vorab ein paar Worte zum Gebrauch des Buches.
Am Anfang jeder Aufgabe beziehungsweise Strafe steht eine Kurzzusammenfassung, deren Inhalt folgende Bedeutung hat:

	Thema		
Geschlecht	Männlich	Weiblich	Egal
Utensilien	Beschreibt die benötigten Utensilien		
Mitspieler (Bsp.)	nur der Partner	Paar	möglichst viele
Aufwand (Bsp.)	20 min	beliebig	evtl. über Wochen
Kosten	keine	wenig	
Umfeld	Outdoor	Indoor	Erotikparty
	Virtuell	Freibad	Egal
Schwierigkeitsgrad	1	2	3
Kategorie	Schmerzhaft	Lustvoll	Peinlich
	Ekelig	Ärgerlich	Anstrengend
	Aufregend	Beängstigend	Demütigend
	Unangenehm	Gemein	Diverse

Daraufhin folgt eine ausführliche Beschreibung.
Der Schwierigkeitsgrad ist natürlich personenabhängig sehr unterschiedlich. Was für den einen leicht ist, ist für den anderen schon mit großer Überwindung verbunden. Trotzdem habe ich eine Kategorisierung eingeführt, um eine grobe Einschätzung

abgeben zu können.
Der Einfachheit halber spreche ich von nun an nur noch von Aufgaben, da der Übergang zur Strafe ja fließend ist.
Zudem habe ich mich dazu entschlossen, immer in der männlichen Form von »der Person« zu schreiben. Dies ist nicht Genderkonform, erhöht aber die Lesbarkeit der Texte.

Die Szenarien habe ich etwas sortiert und zwar in die Kategorien:
- virtuell
- erotisch
- voyeuristisch
- BDSM/Fetisch

DAS UMSETZEN VON EROTISCHEN SZENARIEN UND ROLLENSPIELEN

Das Problem bei den meisten erotischen Rollenspielen und Szenarien ist die Ernsthaftigkeit. Die Klassiker wie Klempner und Hausfrau können rasch ins Lächerliche abgleiten, und ein fünfzigjähriges Schulmädchen wirkt sicherlich auch nicht gerade erotisch.

Daher sollte bei den Rollenspielen und Szenarien darauf geachtet werden, dass sie wirklich authentisch sind und ein Verhalten gegebenenfalls auch Konsequenzen nach sich zieht.

Auch ist es oftmals schwierig, diese Spiele mit dem eigenen Partner zu spielen. Wie soll zum Beispiel der Partner einen fremden Freier darstellen? Aus diesem Grund ist das Buch auch zu Teilen für Menschen und Paare geeignet, die in einer offenen Beziehung leben oder Single sind.

Ich habe ganz bewusst nur Szenarien aufgenommen, die auch wirklich real umsetzbar sind. Zudem habe ich alle «Klassiker» (Polizist – Raserin, Lehrerin – Schüler und so weiter) weggelassen, die schon oft genug beschrieben wurden.

SICHERHEIT

Wenn ich mich auf Rollenspiele einlasse, muss ich auch das Thema Sicherheit betrachten. Es gibt in der BDSM-Szene, aber auch im Swinger-Bereich einige gute Bücher und Webseiten zum Thema, und auch in Band eins und zwei habe ich bereits viel darüber geschrieben. Daher möchte ich mich hier auf ein paar grundlegende Dinge beschränken.

Die Sicherheit hat mehrere Aspekte:

- rechtliche Sicherheit
- emotionale Sicherheit
- körperliche Sicherheit
- soziale Sicherheit

Unter «rechtliche Sicherheit» fällt alles, was im Zweifelsfall vor Gericht landen kann. Insbesondere sind das Dinge wie Körperverletzung und Erregung öffentlichen Ärgernisses. Eine Körperverletzung kann auch dann vorliegen, wenn ihr eine extreme Sexpraktik durchführt, die so schiefgeht, dass jemand im Krankenhaus landet. Da ist der Ermessensspielraum von Gerichten relativ groß. In Deutschland ist Sex in der Öffentlichkeit eigentlich nicht verboten, solange sich niemand daran stört. Wenn ich Sex auf der Kühlerhaube meines Autos in der Hofeinfahrt habe, gibt es kein Problem, sofern die Nachbarn nicht die Polizei rufen. Selbst die Polizei würde euch vermutlich eher bitten, aufzuhören, und euch nicht anzeigen. Fühlt sich allerdings jemand von eurem Tun gestört, kann er euch wegen «Erregung öffentlichen Ärgernisses» anzeigen. Daraus folgt meistens ein Bußgeld.
Unter «emotionale Sicherheit» fällt alles, was die Gefühlslage beeinträchtigt und zu einem Absturz führen kann. Ein Vergewaltigungsspiel mit einer Frau durchzuführen, die eine reale

Vergewaltigung erleben musste, ist also keine gute Idee. Auch andere negative Erfahrungen (zum Beispiel erlittene Körperverletzung, Unfälle, Überfälle und so weiter) können so belastend sein, dass es im Spiel zu einem Abbruch kommt. Daher sprecht unbedingt vorher darüber.
Unter «körperlicher Sicherheit» verstehe ich, dass technisch nichts passiert. Tut also nur Dinge, die ihr wirklich beherrscht (zum Beispiel bei Bondage, BDSM, Atemreduktionsspielen), damit niemand im Krankenhaus landet.
«Soziale Sicherheit» beinhaltet alles, was euren Ruf schädigen oder zum Verlust des Arbeitsplatzes führen könnte. Sollten Nachbarn mitbekommen, was ihr da so treibt, kann das zur sozialen Ächtung führen. Einen Pornofilm zu drehen, wenn man bei einem kirchlichen Arbeitgeber angestellt ist, kann den Verlust des Arbeitsplatzes nach sich ziehen et cetera.
Also daher Regel 1 (und es gibt keine zweite Regel):

Tut nichts, das euch oder anderen schadet oder jemanden stört.

So, und jetzt geht es los.
Viel Spaß!

Woschofius

NEIGUNGSBOGEN

Wie auch in meinen anderen Sachbüchern möchte ich mit dem Neigungsbogen beginnen. Ein Neigungsbogen listet mehr oder weniger alle Praktiken auf, die möglich sind.
Bevor ihr also ein Rollenspiel startet, solltet ihr euch über eure Wünsche und Tabus austauschen.
Hierfür ist der Neigungsbogen gedacht.
Hinter jeder Praktik steht ein ja/nein/vielleicht.
Er ist der Master für alle Dinge, die geschehen können.
Hier ein Beispiel:

Felder mit x ausfüllen, besondere mit xx

	Thema	Ja	Viel.	Nein	Erlebt?	Bemerkung
1	Anspritzen mit Sperma					
2	Dildo/Vibrator/Analplug einführen					
3	Fotoshooting mit erkennbarem Gesicht					
4	Fotoshooting ohne erkennbares Gesicht					
5	Öffentliches Zeigen von demütigenden Fotos					
6	Outdoor-Spiele					
7	Augenbinde					
8	Knebel					
9	Leckdienste Hoden/Schwanz					
10	Leckdienste anal/Rimming					
11	Pussy Insertions					
12	Dom/Dev-Spiele, Geschichte der O					
13	Ohrfeigen					
14	Vergewaltigungsspiele					
15	Maske tragen					
16	Hurendienste (Verleih gegen Geld)					

	Thema	Ja	Viel.	Nein	Erlebt?	Bemerkung
17	Fußverehrung, Füße lecken					
18	Öffentliche Erniedrigung					
19	Sprechverbot					
20	Nacktpräsentation öffentlich					
21	Anpinkeln					
22	In Mund pinkeln/schlucken					
23	Mumifizierung/Folie					
24	Anspucken					
25	Eiswürfelspiele					
26	In Mund spucken, schlucken					
27	Klistier					
28	Petplay (Hund, Pony, Katze)					
29	Verbale Demütigung, peinliches Befragen					
30	Öffentlichen Blog schreiben					
31	Oralverkehr					
32	OV mit Schlucken					
33	Analverkehr (safe)					
34	Vaginalverkehr (safe)					
35	Tunnelspiele					
36	Gangbang/mehrere Männer/Vorführung					
37	Bi-Spiele					
38	Geleckt werden					
39	Frivoles Ausgehen					
40	Fotoshooting/Filmen					
41	Auf Fickmaschine sitzen					
42	Küssen					
43	Fisten					

	Thema	Ja	Viel.	Nein	Erlebt?	Bemerkung
44	Bondage					
45	Bondage mit Aufhängen					
46	Schläge mit Peitsche soft					
47	Schläge mit Peitsche mittel					
48	Schläge mit Peitsche hart					
49	Klammern an Brustwarzen soft					
50	Klammern an Schamlippen soft					
51	Klammern an Brustwarzen hart					
52	Klammern an Schamlippen hart					
53	Wachsspiele					
54	Reizstrom, Violet Wand					
55	Gutpunching (Schläge in den Bauch)					
56	Nadeln					
57	Atemreduktion					
58	Brustfolter wie Schläge, Kneifen, Klammer usw.					
59	Genitalfolter, zum Beispiel Schläge					
60	Cutting, Ritzen					
61	Switchen					
62	Sex mit einem Fremden/Blind Date					
63	Freie Verfügbarkeit für andere Herren/ Damen					
64	Von Fremden angefasst, abgegriffen werden					
65	Einüben von Strafstellungen beziehungsweise Grundpositionen wie in der «Geschichte der O»					
66	Virtuelle Spiele (Aufgaben mit Fotobeweis erfüllen)					

	Thema	Ja	Viel.	Nein	Erlebt?	Bemerkung
67	Dirty Talk					
68	Anrede «Sie», kein Duzen					
69	Gebissen werden					
70	Facesitting/Smother					
71	Bedienen					
72	Spanking über dem Knie liegend					
73	Spiele mit Kot/KV					
74	Kitzeln					
75	Brennnesseln					

EROTISCHE SZENARIEN

Bei diesen Szenarien geht es um reale erotische Spiele, bei denen auch andere mit eingebunden werden können. Ganz generell sind Rollenspiele nur dann wirklich interessant, wenn sie authentisch sind. Das bedeutet oftmals, dass es gut ist, auch andere Personen oder sogar Fremde einzubinden.
Doch fangen wir einfach mal an.

1 DIE STILLE BEGEGNUNG

Keine

Bei «Die stille Begegnung» geht es um ein Outdoor-Spiel. Sicherlich kennt ihr die Szene aus diversen Filmen: Eine Mann und eine Frau treffen sich zufällig, und sofort springt ein Funke über, der in heftigem Sex endet.
So auch hier.
Ihr benötigt zuerst einmal eine einsame Wiese oder ein Waldstück mit einer Laufstrecke von hundert Metern. Die Anreise erfolgt getrennt, und das Spiel startet, indem sich die eine Person auf der einen Seite und die andere Person auf der anderen Seite der Wiese platziert. Zu einer bestimmten Zeit oder aufgrund einer Handynachricht bewegt man sich nun aufeinander zu. Man beginnt langsam und wird dann nach und nach schneller. Nach zehn Metern beginnt man sich langsam zu entkleiden. Das Ziel ist, sich dann in der Mitte der Wiese nackt zu begegnen und übereinander herzufallen. Verzichtet auf Kuschelsex und seid ruhig ein bisschen grob dabei.

Das Ganze sollte auch wortlos passieren – es geht nur um Sex! Sobald ihr euch aneinander befriedigt habt, verlasst ihr den Ort des Geschehens wieder getrennt.

2 MACHOFUCKER

Keine

Ein Machofucker ist ein sexuell dominanter Mann, der die Frau «nimmt», wie er will. Hier geht es also nicht um Kuschelsex, sondern um harten Sex. Viele Frauen wünschen sich zwar einen lieben Kerl, aber im Bett wollen sie dann doch lieber einen «Macher».
Wie läuft das nun ab?
Es sind zwei Dinge, die einen Machofucker ausmachen: Erstens die Sprache und zweitens eine Art egoistischer Sex. Der Machofucker gibt klare und durchaus etwas rüde Anweisungen, wie er den Sex haben will. Gleichzeitig positioniert er sich die Frau, wie es ihm passt.
Hier mal ein paar Beispiele, wie so etwas ablaufen kann:

- Er drückt sie gegen die Wand, indem er sie am Hals packt.
- Sie muss die Arme hochnehmen.
- Er greift sie ab und zieht sie aus oder befiehlt ihr, sich auszuziehen.
- Er fingert sie heftig.
- Er steckt ihr die feuchten Finger in den Mund («Leck das ab!»).
- Er gibt ihr vielleicht leichte Ohrfeigen.
- Er zwingt sie auf die Knie, und sie muss seine Hose öffnen.

- Mit der Hand nötigt er sie, ihren Mund zu öffnen («Maul auf!»).
- Er fickt ihren Mund, sodass sie etwas würgen muss.
- Er zwingt sie auf alle viere. Der Kopf berührt den Boden, der Arsch ist nach oben gereckt.
- Ein Schlag auf den Arsch.
- Er steckt ihr die Finger in alle Löcher und spukt auf sie.
- Er fickt sie hart.
- Er legt sie auf den Rücken und nimmt sie.
- Seine Hand liegt auf ihrem Mund und nimmt ihr etwas den Atem.
- Er dreht sie auf den Bauch, legt sich auf ihren Rücken, greift unter ihren Armen/Achseln hindurch und packt sie am Nacken. Sie kann sich nun kaum noch wehren.
- Auch hier kann er ihr mit einer Hand den Mund zuhalten.
- Er fickt sie weiter.
- Er schiebt sie zum Tisch, wirft sie bäuchlings darüber und fickt sie weiter.
- Nun nimmt er sie vielleicht anal.
- Sie muss sich nun umdrehen und die Beine anziehen, sie ist gespreizt.
- Er spuckt ihr auf die Pussy.
- Er setzt einen Vibrator ein, aber sie darf nicht kommen.
- Er setzt sich auf ihr Gesicht, und sie muss ihm die Hoden oder das Poloch lecken.
- Schließlich spritzt er in ihren Mund.
- Sie muss seinen Schwanz mit dem Mund sauber lecken.

All das weist er klar und kurz an, ohne Bitte und ohne Wenn und Aber.

- «Maul auf!»
- «Umdrehen!»
- «Zeig mir deine Fotze!»
- «Arsch hoch!»

- «Das gefällt dir doch, wenn ich dich in den Arsch ficke!»
- «Beine breit, Schlampe!»
- «Wehe, du kommst!»
- «Schluck meinen Saft!»
- «Leck ihn sauber!»
- «Zeig mir deine Geilheit!»
- «So brauchst du das ... alle Löcher gestopft bekommen.»
- «Sauber lecken, Fickstück!»

Ihr könnt dabei eine sehr grobe Sprache einsetzen.

#3 SWINGERCLUB-BESUCH

Keine

Beim ersten Besuch im Swingerclub kommen auf die Paare viele neue und interessante Dinge zu. Zudem gibt es auch einige Sachen zu beachten, damit der erste Besuch nicht zu einem Reinfall wird. Viele Paare nutzen den Besuch in einem Swinger- oder Pärchen-Club, um etwas Neues auszuprobieren. Sie möchten neuen Schwung in die Beziehung bringen und sexuelle Lust aktiv ausleben. Viele Paare gehen gern in einen Swingerclub, um die erotische Atmosphäre zu genießen, Menschen kennenzulernen, zuzuschauen oder selbst aufregenden Sex zu erleben. Es besteht dabei aber kein Zwang, andere mit einzubinden. Wenn ihr für euch bleiben wollt, ist das meistens kein Problem. Oftmals gibt es sogar kleine Separees. Sollte es doch einmal passieren, dass andere Paare einem zu nahe kommen, schiebt man einfach die Hand zur Seite. Das Gegenüber weiß dann Bescheid, dass man gerade keine Annäherung möchte. Bevor ihr in einen Club geht, solltet ihr euch über eure Wünsche austauschen und einen Rahmen festlegen, in dem ihr euch im Club bewegen wollt. Versucht dabei nicht, den Partner zu etwas zu überreden, was er nicht will.

- Wollt ihr jemanden einbinden?
- Wollt ihr erst einmal nur schauen und keinen Sex haben?
- Sucht ihr ein Paar oder eine Einzelperson?

Was ziehen wir im Swingerclub an?

Es gibt keine speziellen Regeln, was man im Club anziehen muss. Idealerweise sollte die Kleidung sexy sein. Männer tragen meistens Shorts.

Wird im Swingerclub verhütet?

In den meisten Swingerclubs ist der Sex mit Kondomen oberstes Gebot. Daher findet man auch in jedem Raum Kondome, die man sich nehmen und benutzen kann. Sex ohne Kondom wird meist nicht geduldet.

Was ist, wenn jemand aufdringlich wird?

Sollte euch doch jemand zu nahe kommen, gibt es mehrere Möglichkeiten, das zu beenden:

- Wegschieben der Hand
- klare, aber freundliche Ansage
- Information an den Betreiber (bei massiven Übergriffen)

Grundsätzlich stellt jeder Swingerclub seine eigenen Regeln auf. Diese sind im Rahmen einer Hausordnung im öffentlichen Bereich des Clubs angebracht und können auch auf der Website des

Anbieters eingesehen werden.

Wird man zu etwas gezwungen?

Nein, macht nur das, wozu ihr Lust habt und was ihr miteinander vereinbart habt. Es gibt keine Sexpflicht!

Was passiert da sonst?

Im Club gibt es zuerst einen Umkleidebereich mit abschließbaren Spinden. Von da geht es in den Barbereich, der dazu gedacht ist, Kontakte zu knüpfen. Neulingen wird der Club normalerweise vom Betreiber kurz mittels eines Rundgangs gezeigt.

Drogen?

Gerade unerfahrene Swinger nutzen den Smalltalk in der Bar, um sich Mut anzutrinken. Der Alkoholkonsum sollte dabei aber in Maßen bleiben, zumal er auch auf die Standfestigkeit schlägt. Übermäßiger Alkoholgenuss wird in den meisten Swingerclubs nicht geduldet. Dasselbe gilt natürlich auch für Drogen jeder Art.

Das erste Mal

Beim ersten Mal haben sowohl Frauen als auch Männer etwas Angst, sich zu blamieren, nicht attraktiv oder nicht standfest genug zu sein. Doch auch im Swingerclub treffen sich ganz normale Menschen mit all ihren Stärken und Schwächen. Es wird niemand ausgelacht. In einen Swingerclub kommen Paare, Frauen und Männer hinein. Für Soloherren gibt es oft Einlassbeschränkungen, um ein ausgewogenes Verhältnis zwischen Mann und Frau zu haben.
In einem Pärchen-Club trifft man nur Paare an. In Ausnahmefällen können dort einzelne Damen Einlass finden. Frauen zahlen oft nur wenig oder gar keinen Eintritt, um die Frauenquote in den Swingerclubs zu erhöhen.
Zusammengefasst hier 10 goldene Regeln im Swingerclub:

1. Ein Nein ist ein Nein und ist unbedingt zu akzeptieren.
2. Gib AIDS keine Chance und entsorge gebrauchte Kondome und Tücher in den bereitstehenden Abfallkörben.
3. Auf den Matten und Spielwiesen ist Essen, Trinken und Rauchen nicht erlaubt.
4. Sex am Tresen und im Essensbereich ist nicht erlaubt.
5. In Swingerclubs kennt man nur Vornamen und das Du.
6. Ein Besuch im Swingerclub beginnt mit einer Dusche.
7. Sofern Pärchenzimmer vorhanden sind, haben Singles dort keinen Zutritt.
8. Bleibt nüchtern.
9. Tut nichts, das ihr nicht wollt.
10. Eine Verabredung zum Kaffee für den nächsten Tag sollte man sich verkneifen.

Nun steht dem Swingerclub-Besuch eigentlich nichts mehr im Wege. Ich möchte euch trotzdem vorschlagen, dass ihr euch vorher überlegt, was ihr auf jeden Fall machen wollt. Hier gibt es ganz niederschwellige Möglichkeiten auch für Anfänger.

- Es wird einer Person gestattet, euch anzufassen.
- Ihr schaut dem Treiben auf den Matten zu und befriedigt euch gegenseitig etwas.
- Ihr zeigt euch völlig nackt.
- Eure Sie legt sich auf den Gynstuhl und lässt sich betrachten.
- Euer Er darf sich eine Dame suchen, die ihn bläst.
- Partnertausch mit Petting.
- Und und und ...

Wenn man sich bewusst etwas Mutiges vornimmt, passieren meist auch Dinge, die ihr euch vorher nicht (zu-)getraut hättet.

#4 SEXY SHOPPING

Keine

Bei diesem Szenario werden die Herren ihre Frauen sicherlich gern beim Shopping begleiten.
Die Paare treffen und beschnuppern sich kurz, dann werden die Frauen beziehungsweise die Männer für ein paar Stunden ausgetauscht. Die Paare gehen nun erst einmal getrennt einkaufen. Die Idee dabei ist, dass der Mann der fremden Frau die Reizwäsche und Unterwäsche bringt, die ihm gefällt. Die Frauen haben die Aufgabe, diese anzuprobieren und vorzuführen. Dabei darf der Mann durchaus in die Umkleidekabine mit hinein und behilflich sein. Anfassen ist dabei erlaubt, wenn es die Paare so vereinbart haben. Begonnen wird mit einem sexy Abendkleid, dann folgt ein Badeanzug und schließlich diverse Reizwäsche. Vielleicht geht ihr ja auch einen Schritt weiter, und es kommt zu leichten erotischen Berührungen? Ein Griff an den Po oder an die Brust? Eine Hand, die in den Schritt des Mannes gleitet?
Natürlich kann man das dann auch umdrehen. Nun muss der Mann anziehen, was die Frau ihm bringt, die so die Möglichkeit hat, ihm etwas näherzukommen.
Dieses Spiel eignet sich als Einstieg, um die Beziehung etwas zu öffnen und neue Impulse zu erleben.
Ob die Dame zum Dank am Ende etwas geschenkt bekommt, bleibt euch überlassen. Es wäre dann doch eine tolle Überraschung, wenn beide Damen zum Rücktausch ihre neuen, sexy Kleider tragen würden und man gemeinsam etwas essen geht. Wer weiß, wie der Abend dann noch endet!

#5 SAUNABESUCH

Keine

Dieses Szenario ähnelt dem vorherigen, allerdings findet es in einer Sauna statt. Die Paare treffen sich zuerst im Vorraum der Sauna und besprechen, wie weit sie zu gehen bereit sind. Hier hat man auch nochmals die Möglichkeit, abzuklären, ob die Sympathie stimmt. Passende Paare findet man sicherlich leicht per Kontaktanzeige. Mit dem Betreten der Sauna wird die Partnerin getauscht.
Da es oft gemischte Umkleidekabinen gibt, kann man bereits diese für eine erste Annäherung nutzen. Erste zärtliche Berührungen, ein herzhafter Griff an das Geschlecht ... Achtet nur darauf, dass der Mann danach nicht das Problem hat, seine pralle Männlichkeit verstecken zu müssen.
Danach geht es zum ersten Saunagang. Die Sauna ist leer? Guuut, denn dann kann man sich ungestört zeigen. Die Dame spreizt ihre Schenkel und gönnt ihm einen Pornoblick. Der Mann spielt an seinem Schwanz. Vielleicht wandern auch Hände über Körperstellen, an denen sie eigentlich nichts zu suchen haben ... Doch haltet immer ein Handtuch bereit, um euch gegebenenfalls schnell bedecken zu können.
Nun ist ein abkühlendes Bad angesagt. Unter Wasser lässt sich sicherlich auch etwas fummeln. Aber Achtung, Bademeister sind da achtsam und werden euch eventuell bitten, das zu unterlassen. Ideale Plätze sind hierbei die Stellen, an denen es sprudelt, sodass andere nicht mehr so leicht sehen können, was da gerade unter der Wasseroberfläche passiert.
Nun kommt der nächste Saunagang ...

#6 RHYTHM 0

EGAL

Was immer ihr einsetzen wollt.

Die serbische Künstlerin Marina Abramović zeigte im Jahr 1974 mit ihrer erschütternden Kunstaktion «Rhythm 0», wozu Menschen fähig sind, wenn man sie denn lässt. Für sechs Stunden stellte sie sich starr in einen Raum und erlaubte den Zuschauern, mit ihr zu machen, was sie wollten. Eine Kamera zeichnete alles auf. Neben ihr stand ein Tisch mit unterschiedlichen Dingen, die die Besucher der Aktion einsetzen durften. Unter anderem lagen dort neben Rosen, Trauben und Federn auch Messer und Rasierklingen. Bei Wikipedia* kann man Folgendes über diese Aktion lesen:

Es gab keine Bühne und keine Trennung zwischen Künstlerin und dem Publikum. Nach ihrer Aussage bestand der Zweck darin, herauszufinden, wie weit das Publikum in dieser Situation gehen würde. Die Instruktionen an die Adresse des Publikums wurden auf dem Tisch ausgelegt.

Anweisungen.
Auf dem Tisch sind 72 Gegenstände, die man an mir, wie gewünscht, anwenden kann.

Aufführung.
Ich bin das Objekt.

Während diesem Zeitraum übernehme ich die volle Verantwortung.

* https://de.wikipedia.org/wiki/Rhythm_0

Dauer: 6 Stunden (20 bis 2 Uhr).

Verlauf

Der Fortgang wurde im Buch «No Innocent Bystanders» (Frazer Ward, 2012) wie folgt wiedergegeben:

Es begann harmlos. Jemand drehte ihre Arme herum. Jemand schob ihre Arme hoch in die Luft. Jemand berührte sie auf eine einigermaßen intime Weise. Die neapolitanische Nacht begann sich zu erhitzen. In der dritten Stunde wurden all ihre Kleider mit Rasierklingen vom Leib geschnitten. In der vierten Stunde sondierten Rasierklingen ihre Haut. Jemand schnitt mit den selben Rasierklingen an ihrer Kehle, um das Blut abzulecken. Verschiedene kleinere sexuelle Übergriffe wurden an ihrem Körper ausgeführt. Sie verhielt sich ihrer Performance gegenüber so verpflichtet, dass sie sich weder einer Vergewaltigung noch einem Mord widersetzt hätte. Angesichts ihrer Willenlosigkeit, mit ihrem implizierten Kollaps der menschlichen Psyche, bildete sich im Publikum eine schützende Gruppe. Als eine geladene Feuerwaffe an ihren Kopf gehalten und ihr Finger auf den Abzug gelegt wurde, brach zwischen den Publikumsgruppen ein Kampf aus.

Abramović beschrieb die Ereignisse wie folgt:

Was ich dadurch lernte war ... dass wenn du alles dem Publikum überlässt, dann kann es dich töten!

Ich fühlte mich geschändet: Sie schnitten meine Kleider auf, stießen Rosendorne in meinen Bauch, eine Person zielte den Revolver auf meinen Kopf, und jemand anderes nahm ihn wieder weg. Es entstand eine aggressive Atmosphäre. Nach exakt sechs Stunden, wie vorgesehen, stand ich auf und schritt auf das Publikum zu. Alle rannten weg, um einer tatsächlichen Konfrontation zu entfliehen.

Bei diesem Szenario geht es nun um die Umsetzung dieses Kunstprojekts.
Die Person, die die Rolle der Abramović übernimmt, baut den Tisch auf und legt all die Dinge darauf, die sie für sich als interessant empfindet. Das können Dildos und Plugs oder Federn sein, aber auch Latexhandschuhe, Augenbinden, Massageöl, Klammern, Kerzen, Seile, Nadeln, Eddingstifte, Wasserfarben, Peitsche und so weiter. Auf dem Tisch sollten sich auf jeden Fall eine Schere und ein Wecker befinden.
All diese Gegenstände darf die andere Person nun nach Gutdünken einsetzen. Will man das Ganze noch etwas härter spielen, darf auch jede beteiligte Person selbst etwas auf den Tisch legen. Das macht es für die ausgelieferte Person dann emotional deutlich aufregender, weil sie eventuell nicht weiß, was das ist (Augenbinde), und wenn sie es weiß, kann sie oft nicht einschätzen, was damit passieren wird.
Bevor das Spiel beginnt, legt ihr fest, wie lange das Ganze dauern soll. Ich denke, eine Stunde ist hier ein idealer Zeitraum. Eventuell vereinbart ihr auch ein Stoppwort, mit dem die Person das Ganze beenden kann, sollte es ihr zu weit gehen.
Die Person wird zu einer Art Schaufensterpuppe und lässt sich in jede Position biegen, die körperlich möglich ist. Kann sie die Position nicht mehr halten, stellt sie sich wieder in die Grundposition. Mehr ist ihr nicht erlaubt. Ihr könnt sie also auf alle viere zwingen, ihre Beine weit spreizen oder sie in seltsam verrenkte Körperhaltungen bewegen.
Zu Beginn stellt sich die Person noch bekleidet neben den Tisch. Da es sein kann, dass die Kleidung dabei zerstört wird (Schere), sollten es alte Kleider sein, die danach in den Müll fliegen können. Ob die Person zu Anfang wirklich eine Augenbinde trägt, überlasse ich euch. Für die Wahrnehmung der Person ist es sicherlich von Vorteil, eine zu tragen, da die anderen Sinne dann geschärft

werden. Auch der Tisch gehört zum Spiel und kann dann zum Beispiel genutzt werden, um darauf mit der Person Sex zu haben. Das Spiel kann beginnen, die Stoppuhr wird gestartet ...

Risiken: **emotionaler Absturz**

#7 WOP

Diverses

WOP ist die Abkürzung für «Wahrheit oder Pflicht». Bei diesem Spiel muss man entweder eine Frage wahrheitsgemäß (Wahrheit) beantworten oder irgendetwas machen (Pflicht). Dieses Spiel kann natürlich auch in einer erotischen Variante gespielt werden.
Hierzu besorgt man sich zuallererst kleine, beschreibbare Leerkarten, die man online bestellen kann. Die Hälfte der Karten markiert man auf der Oberseite mit einem W (Wahrheit) die andere mit einem P (Pflicht). Auf die Unterseite werden beliebige Fragen oder Aktionen geschrieben. Nachdem alle Karten beschriftet sind, kann man daraus zwei Stapel bilden.
Die Spielregeln sind einfach: Abwechselnd ziehen alle Mitspieler je eine Karte. Entweder er oder die anderen Mitspieler bestimmen, von welchem Stapel die Karte gezogen werden muss. Natürlich kann man die Karten auch durchmischen und als einen Stapel verwenden, dann hat man allerdings keine Wahlmöglichkeit, was eine Verschärfung der Regel darstellt.
Nachfolgend eine Liste mit beispielhaften Fragen beziehungsweise Aufgaben:

Wahrheit

1. Beschreibe deine Entjungferung beziehungsweise dein erstes Mal.
2. Hast du Erfahrung mit Natursekt?
3. Hast du Erfahrung mit Analverkehr? Welche?
4. Beschreibe eine erotische Fantasie.
5. Schildere dein verrücktestes Sexerlebnis.
6. Mit wie vielen Personen hattest du schon Sex?
7. Hast du bisexuelle Erfahrungen?
8. Wie oft befriedigst du dich selbst?
9. Was ist deine Lieblingsstellung und warum?
10. Was würdest du gern einmal machen?
11. Was war der ungewöhnlichste Ort, an dem du Sex hattest?
12. Lässt du dich gern fesseln?
13. Was wünschst du dir sexuell von deinem Partner?
14. Hattest du schon einmal einen Dreier? Beschreibe das Erlebnis genau.
15. Was ist, sexuell betrachtet, der größte Vorteil deines Geschlechts?
16. Hast du schon jemanden beim Sex überrascht? Wen?
17. Wurdest du schon einmal beim Sex überrascht? Wo, mit wem, von wem?
18. Hattest du schon Sex in der Natur?
19. Würdest du dich bei der Selbstbefriedigung beobachten lassen?
20. Hast du schon einmal in einer öffentlichen Toilette gespannt?
21. Wo war der verrückteste Ort, an dem du dich selbst befriedigst hast?
22. Welche Schönheits-OP würdest du machen lassen?
23. Hast du dich schon mal vor einer Webcam ausgezogen? Wer war dein Gegenüber?
24. Welche Sexspielzeuge hast du schon ausprobiert?
25. Welche Sexspielzeuge würdest du gern einmal ausprobieren?
26. Gefallen dir Pornos?

27. Warst du schon einmal in einem Pornokino?
28. Warst du schon einmal im Bordell oder auf dem Straßenstrich?
29. Hast du schon einmal für Sex bezahlt?
30. Hast du schon einmal mit einer Person Sex aus Mitleid gehabt?
31. Wie soll ein gutes Vorspiel sein?
32. Hast du dir schon einmal etwas in den Po geschoben? Was?
33. Schaust du gern anderen beim Sex zu?
34. Hast du schon einmal einen Orgasmus vorgetäuscht?
35. Mit welchem VIP hättest du gern Sex?
36. Gefällt dir Sex während der Menstruation?
37. Was sind deine erogenen Zonen?
38. Was empfindest du in sexueller Hinsicht als abnormal?
39. Zu welcher Tageszeit hast du am liebsten Sex?
40. Hast du schon einmal intime Fotos von dir verschickt?
41. An welchen drei Orten würdest du gern Sex haben?
42. Was gefällt dir an Sex überhaupt nicht?
43. Was war dein peinlichstes Sexerlebnis?
44. Bist du eher exhibitionistisch oder voyeuristisch veranlagt?
45. Hast du schon einmal einen Partner von dir betrogen?
46. Bist du eher devot oder dominant?
47. Hast du schon einmal deinen BH/Slip ausgestopft?
48. Denkst du an jemand anderen beim Sex (als an deinen Partner)?
49. Würdest du deinen Partner im Intimbereich lecken, nachdem er Sex mit einem anderen hatte?
50. Welcher Typ Mann beziehungsweise Frau ist interessant für dich?
51. Warst du schon einmal in einem Swingerclub? Wie war das?
52. Warst du schon auf einer Sexparty/Orgie?
53. Schluckst du, oder spuckst du?
54. Hast du Erfahrung mit SM-Sex?
55. Wo möchtest du deinen nächsten Quickie erleben?
56. Hast du Erfahrung mit Squirten?
57. Beschreibe den/die ideale Scham/Penis?

58. Mit wem aus der Runde hättest du am liebsten Sex (nicht der Partner)?
59. Was würdest du tun, wenn du plötzlich das Geschlecht wechseln würdest?
60. Hast du schon einmal Sperma geschluckt/probiert?
61. Wie viele One-Night-Stands hattest du schon?
62. Was hältst du von Partnertausch?
63. Bist du schon einmal beim Sex erwischt worden? Schildere die Situation.
64. Erregt es dich, andere beim Sex zu beobachten?
65. Hast du es schon einmal im Auto gemacht?
66. Hattest du schon Sex auf dem Küchentisch?

Pflicht

1. Rasiere deinen Schambereich vor allen Teilnehmern.
2. Eine Person deiner Wahl macht dir einen Knutschfleck (nicht dein Partner).
3. Schreibe eine Sexanzeige für dich.
4. Rieche am Slip deines linken Sitznachbarn.
5. Küsse den Fuß deines rechten Sitznachbarn.
6. Zeige deine nackte Brust.
7. Entblöße deinen Schritt.
8. Würfle die Anzahl der Kleidungsstücke, die du ausziehen musst.
9. Dein linker Sitznachbar leckt deine Brust
10. Dein linker Sitznachbar küsst deine Scham/Penisspitze.
11. Leg ein Kleidungsstück ab (diese Karte sollte mehrfach enthalten sein).
12. Ziehe ein Kleidungsstück an (diese Karte sollte auch mehrfach enthalten sein).
13. Gib einer Person deiner Wahl für eine Minute einen Blowjob.
14. Befriedige eine beliebige Person eine Minute mit der Hand.
15. Zungenkuss mit einer Person deiner Wahl.

16. Zieh dich nackt aus, und stelle dich auf den Tisch.
17. Leg dich nackt auf den Boden, und spreize deine Beine.
18. Die Person rechts neben dir darf dich eine Minute lang anfassen, wie und wo sie will.
19. Strippe, bis du nur noch einen Slip anhast.
20. Uriniere vor allen anderen.
21. Trinke einen Schnaps/Glas Sekt auf ex (mehrfach einbauen).
22. Eine Person deiner Wahl versohlt dir den Po für eine Minute.
23. Du darfst einer Person deiner Wahl eine Minute lang den Po versohlen.
24. Setz dich mit deinem nackten Po auf das Gesicht eines Mitspielers deiner Wahl.
25. Lass dir Sahne/Schokolade von der Brust lecken.
26. Rate mit verbundenen Augen, welcher Mitspieler gerade deinen Körper gestreichelt hat. Liegst du falsch, wird die Pflichtaufgabe wiederholt.
27. Setze dir für eine Minute eine Wäscheklammer an eine Brustwarze.
28. Spiele einen Orgasmus vor.
29. Spiele die Domina (verbal).
30. Erkläre die Vorteile deines Geschlechtsteils.
31. Massiere eine Person deiner Wahl für eine Minute.
32. Spiele mit deinem Partner deine Lieblingsstellung nach.
33. Zeige mit einer Gurke/Banane, wie du einen Schwanz bläst.
34. Stecke dir einen Finger in den Po.
35. Trinke einen Schnaps aus dem Bauchnabel deines linken Sitznachbarn.
36. Öffne mit deinem Mund einen Gürtel.
37. Bestimme, wer ein Kleidungsstück ablegen muss (mehrfach verwenden).
38. Stecke deinen Finger in die Scham einer beliebigen Person und rieche daran.

39. Nimm die Hand des Mitspielers zu deiner rechten, und führe sie über deinen Körper.
40. Du bekommst eine Po-Massage.
41. Du erhältst eine Brustmassage.
42. Du musst den nackten Po einer beliebigen Person küssen.
43. Du leckst den großen Zeh der Person rechts von dir.
44. Küsse die Achsel einer Person deiner Wahl.
45. Du bestimmst, wer sich einen intensiven Zungenkuss geben muss.
46. Joker: Ziehe dich wieder an.
47. Vergrabe dein Gesicht in das Dekolleté der nächsten Mitspielerin auf der rechten Seite.
48. Stecke deinen Slip in den Mund einer beliebigen Person.
49. Stecke deine Socken in den Mund einer beliebigen Person.
50. Tausche deinen Slip mit einem anders geschlechtlichen Mitspieler.
51. Lecke die Fußsohle deines Sitznachbarn zur rechten.
52. Du bekommst eine Ohrfeige vom linken Sitznachbarn.
53. Ficke die Achselhöhle deines linken Nachbarn.
54. Reibe dich nackt mit deiner Scham/Hoden/Penis auf dem Fußrist deines rechten Nachbarn.

Idealerweise gibt es jede Karte nicht nur einmal im Stapel, damit mehrere Personen in den Genuss von ähnlichen Aufgaben kommen. Am besten klärt ihr vorher die Tabus aller Mitspieler ab, damit es nicht zu unangenehmen Momenten kommt. Die Frage «Hast du deine aktuelle Partnerin schon einmal betrogen» solltet ihr nur verwenden, wenn diese nicht anwesend ist.
Eventuell kann man auch jeder Person die Möglichkeit anbieten, folgende Aktionen je einmal pro Spiel durchzuführen, sollte sie ihre Karte nicht erfüllen wollen oder können.

- Die Karte kann an die nächste Person weitergereicht werden.
- Einmal eine neue Karte ziehen.
- Erfüllung verweigern.
- Ausführen einer vorher festgelegten Strafe, wie zum Beispiel etwas sehr Scharfes essen, vor allen pinkeln, ein Kondom aufblasen, bis es platzt und so weiter.

Hierfür kann man jedem Mitspieler vier Vetokarten geben, die er nach Belieben einsetzen kann. Die Karten werden nach dem Einsatz abgelegt.

8 DAS FITNESSSTUDIO

Keine

Auch euren Besuch im Fitnessstudio könnt ihr zumindest leicht erotisch gestalten. Als heißes Vorspiel taugt es allemal.
Bevor ihr dort hingeht, könnt ihr bereits einiges vorbereiten.

- Die Frau trägt keine Unterwäsche, aber eine sehr enge Gymnastikhose.
- Eventuell trägt sie Liebeskugeln, die Klänge von sich geben.
- Oder sie trägt einen fernsteuerbaren Vibrator.

Im Fitnessstudio ist es ganz normal, dass man seinem Partner bei Übungen behilflich ist. Auf einer etwas abseits liegenden Gymnastikmatte kann man mutiger werden – inklusive heimlicher Griffe an die Brüste oder in den Schritt. Hierbei sind Dehnübungen sicherlich gut geeignet, wenn sich unter der engen Hose die Pussy abbildet. Versucht, eure Partnerin zu erregen, achtet aber darauf, dass niemand etwas mitbekommt. Von den Klangkugeln, die leise Geräusche auf dem Laufband von sich geben, wisst nur ihr beide etwas. Und ob das Stöhnen an den Powerbänken von der Anstrengung oder dem Vibrator kommt, erschließt sich einem unwissenden Beobachter nicht.

Risiken: **unliebsame Zuschauer**

9 ZIMMERTAUSCH

Keine

Für dieses Spiel benötigt man ein Hotel und mehrere Paare, die mitspielen.
Nehmen wir beispielhaft an, es sind sechs Paare beteiligt: Die weiblichen Teile dieser Paare werden auf die sechs Zimmer verteilt. Dort können sie sich duschen und bereit machen. Hierzu gehört auch eine Kleiderordnung. Wie diese gehandhabt wird, überlasse ich eurer Fantasie (nackt, in Reizwäsche, im kleinen Schwarzen ...).
In der Zwischenzeit treffen sich die Männer unten in der Hotelbar und beschnuppern sich etwas.
Da sich die Paare eventuell nicht kennen, dient diese Phase dazu, herauszufinden, ob die Paare miteinander kompatibel sind. Idealerweise trifft man sich aber vor dem Termin schon einmal, um sich erst einmal unverbindlich kennenzulernen und damit peinliche Situationen zu verhindern – dass man sich zum Beispiel gegenseitig nicht riechen kann.

Der Organisator hat eine Schale mit sechs Zetteln vorbereitet. Auf diesen Zetteln sind die Namen der Frauen sowie die Zimmernummern notiert. Am besten benutzt man verschiedenfarbige Zettel. Die Herren kennen jeweils die Farbe ihrer eigenen Partnerin und können beim anschließenden Ziehen der Zettel darauf achten, nicht aus Versehen die eigene Frau zugeteilt zu bekommen.
Von jeder Frau wurde vorab ein Neigungsbogen mit den Wünschen und Tabus angefertigt (siehe Einleitung). Nun haben die Männer etwas Zeit, sich damit zu beschäftigen, bevor sie auf das ihnen zugewiesene Zimmer gehen.
Die Männer klopfen dreimal an der Türe. Die Frauen öffnen die Türe einen kleinen Spalt und haben dann dreißig Sekunden Zeit, sich die Augen zu verbinden und sich in die Mitte des Hotelzimmers zu stellen. Nach Ablauf der dreißig Sekunden betreten die Männer das Zimmer.
Nun haben die Herren die Möglichkeit, sich mit den Frauen (entsprechend deren Wünschen und Tabus) zu verlustieren. Nach Ablauf von zwei Stunden treffen sich die Herren wieder in der Lobby. Das Spiel ist beendet, und die Herren gehen nun zu ihrer eigenen Partnerin ins Zimmer, um den Rest des Abends gemeinsam zu verbringen. Oder man zieht erneut ...
Alternativ können sich dann auch alle Paare zu einem Abendessen treffen.
Sollte in der Kennenlernphase bei einem Herrn Vorbehalte gegenüber einem anderen entstehen, so muss dies kommuniziert werden. Idealerweise spricht der Organisator vor dem Ziehen der Zettel mit jedem Herrn separat, ob es Vorbehalte gibt. Ist das der Fall, teilt der Organisator dies dem «betroffenen Herrn» mit und bittet ihn darum, die entsprechende Farbe nicht zu ziehen.
Natürlich können auch die Lieblingstoys mit einbezogen werden. Diese liegen dann im Hotelzimmer hübsch angerichtet bereit, oder der jeweilige Herr bringt diese mit.

#10 BACKROOM-CASTING

Kamera, Videokamera, Tisch, Stuhl und ein Sofa

Unter Backroom-Casting versteht man ein Bewerbungsgespräch für die Filmindustrie. Meistens geht es um Hardcore-Filme. Es gibt ganze Webseiten im Netz, die solche Interviews zeigen. Diese Aufnahmen hatten allerdings nie das Ziel, ein Model unter Vertrag zu nehmen, sondern die teils heimlich gemachten Aufnahmen ins Netz zu stellen und damit Geld zu verdienen. Die Modelle wurden also «verarscht». Meistens finden solche Interviews in Hotelzimmern oder angemieteten Hinterräumen (Backroom) statt.

Der Ablauf ist immer gleich. Zuerst werden persönliche Fragen gestellt, dann Fragen zu ihren sexuellen Erfahrungen, Wünschen und Tabus. Dann muss sich das Modell langsam entkleiden. Die Intimbereiche werden «geprüft» und der ganze Körper in Augenschein genommen. Schließlich folgt ein kurzes Fotoshooting für die angebliche Model-Sedcard (eine Bewerbungsmappe).

Dabei muss sich das Model von allen Seiten zeigen, und ein paar Nahaufnahmen werden natürlich auch gemacht. Dann dreht man quasi eine erste Testszene. Diese wird angeblich dazu verwendet, interessierte Regisseure von einer Buchung zu überzeugen.

Ob man dieses Szenario als Paar spielt oder ob man jemand anderen einbindet, überlasse ich euch.

Vorbereitung

Idealerweise sitzt der Caster hinter einem Schreibtisch und das Model davor auf einem Stuhl oder einem Sofa. Nach der

Begrüßung werden zuerst die nachfolgenden Fragen gestellt und in einen Casting-Fragebogen eingetragen.
Diesen Fragebogen solltet ihr vorher vorbereiten und parat haben.

Mögliche Frageliste

1. Wie ist dein Name?
2. Wie alt bist du?
3. Wie groß? Gewicht?
4. Hast du einen Freund?
5. Hast du ihn schon einmal betrogen?
6. Weiß er von diesem Casting?
7. Wie alt warst du beim ersten Kuss?
8. Wie alt warst du beim ersten Mal?
9. Wo hattest du dein erstes Mal?
10. Wie war das? Wer war es?
11. Wie alt warst du beim ersten Blowjob?
12. Wie viele Liebhaber hattest du schon?
13. Warum willst du in Pornos mitmachen?
14. Was machst du gern sexuell?
15. Hattest du schon einen Dreier?
16. Hast du Erfahrungen mit dem gleichen Geschlecht?
17. Wie machst du es dir selbst? (Gegebenenfalls später zeigen lassen.)
18. Benutzt du gern Sextoys? Wenn ja, welche?
19. Magst du Analverkehr?
20. Kannst du öfter kommen?
21. Magst du Sperma?
22. Hast du Schamhaare?
23. Hattest du schon mal Outdoor-Sex?
24. Schildere uns dein spannendstes Erlebnis.
25. Was würdest du gern einmal machen?
26. Hast du einen Fetisch? Wenn ja, welchen?

27. Wie oft hast du Sex?
28. Hattest du schon One-Night-Stands? Wie viele?
29. Beherrscht du Deep Throat?
30. Würdest du auch einen Gangbang mitmachen?
31. Würdest du auch als Domina oder Sklavin arbeiten?
32. Was sind deine Tabus?
33. Bist du laut beim Orgasmus?

Der nächste Schritt ist nun das oben angesprochene Erstellen erster Aktaufnahmen für die sogenannte Model-Sedcard. Eine Sedcard enthält alles, was potentielle Kunden von einem Model wissen müssen: persönliche Angaben, Aufnahmebereiche, Erfahrungen, Tabus und eben auch Fotos, die das Model von allen Seiten zeigen.

«Gut, kommen wir nun zu den Fotos. Entkleide dich bitte. Wir machen jetzt die Fotos für die Sedcard.»

Hierbei kann man schon so weit gehen, dass die Person auch ihr Geschlechtsteil deutlich präsentieren muss. Potentielle Kunden wollen ja sehen, was sie da buchen.
Danach beginnen die Begutachtung und der Praxistest des zukünftigen Pornostars. Nun wird das Model hemmungslos abgetastet. Die Festigkeit der Brüste und des Hintern wird geprüft, der Penis und die Hoden abgegriffen, die Schamlippen untersucht, und natürlich muss sie ihre Rosette zeigen und so weiter.
Nun kommt das Finale. Es werden erste Filmaufnahmen gemacht. Meistens beginnt es mit einer Masturbationsszene und einem Vibrator, dann folgt der erste Blowjob, und schließlich wird das Model auch ausgiebig gefickt
Am Ende gibt es noch ein kurzes Gespräch:

- Wie war das für dich?
- Hat es dir Spaß gemacht?
- Glaubst du, dass du für einen Pornofilm geeignet bist?

Nach einem kurzen Lob wird das Model wieder weggeschickt: «Wir melden uns ...»

#11 CUCKOLDING

Keine

Als Cuckold (Quelle unter anderem Wikipedia) wird in der BDSM-Szene ein Mann bezeichnet, der in einer festen Partnerschaft oder Liebesbeziehung lebt, aber durch den intimen Kontakt seiner Partnerin mit anderen Männern sexuellen Lustgewinn erlangt. Die Partnerin des Cuckolds wird als Hotwife bezeichnet. Die Motivation für ein solches Verhalten kann unterschiedliche Gründe haben, unter anderem voyeuristische, masochistische und/oder devote Neigungen.

Es gibt auch weibliche Cuckolds, diese werden als Cuckquean bezeichnet.

Im englischen Sprachgebrauch ist Cuckold gleichzeitig die Entsprechung des veralteten deutschen Begriffs Hahnrei, also eines Mannes, der durch das Fremdgehen seiner Partnerin gedemütigt wird. Der Cuckold ist in der Regel ein devot veranlagter Mann. Das Cuckolding selbst ist häufiger Bestandteil innerhalb einer BDSM-Beziehung, bei der die Frau die Dominante ist, und wird deshalb auch zu den Spielarten des BDSM gerechnet. Der Cuckold genießt

es, von der Frau dominiert zu werden, und zwar nicht nur zwangsläufig in sexuellen, sondern auch in alltäglichen Dingen. Es kann ihn erregen, wenn seine Partnerin einen oder mehrere feste Liebhaber hat. Auch Demütigung in diesem Bereich kann eine erotisierende Wirkung auf den Cuckold haben.
Oft dehnt sich die bewusst gewollte Unterordnung auch auf den Liebhaber aus, indem der Cuckold auch ihm gegenüber eine devote Rolle einnimmt und sich von ihm dominieren und erniedrigen lässt. Das kann so weit gehen, dass der Cuckold die Rolle eines Dieners einnimmt. Sexuelle Dienste, beispielsweise vorbereitenden Cunnilingus oder das Reinigen der Intimzone des Paares nach dem Geschlechtsverkehr werden vor allem in der BDSM-Literatur beschrieben. Im Bereich Femdom gehört die Keuschhaltung des Cuckolds zu den häufig in der Literatur auftauchenden Themen. Obwohl die Partnerin sexuelle und auch andere emotionale Befriedigung bei ihrem Liebhaber findet, ist die Bindung zum Partner in der Regel wesentlich stärker als zum Liebhaber. Viele dominant veranlagte Frauen genießen das bewusste Machtgefälle (engl. Power Exchange) innerhalb der Partnerschaft und die Demonstration ihrer Macht über den Partner. Für einen devot veranlagten Cuckold kann es im Gegenzug eine besondere Auszeichnung darstellen, von seiner Partnerin Demütigung und damit Aufmerksamkeit und Wertschätzung als unterwürfiger Teil der Beziehung zu erfahren. Es finden normalerweise keinerlei Heimlichkeiten zwischen den Partnern statt. Hierbei sind Ähnlichkeiten zu den Grundsätzen der Polyamorie zu finden.
In der Szene gibt es eine grobe Klassifizierung, die die Tiefe beschreibt, in der dieser Lifestyle gelebt wird.

Cuckold Klassifizierung C1

Hier wird das Ganze eher spielerisch gelebt. Man besucht einen Swingerclub oder lädt sich einen Lover (auch Bull genannt) ein, mit dem die Dame dann Spaß hat. Eventuell macht der Cuckold sogar aktiv mit oder genießt es, zuzuschauen.

Cuckold Klassifizierung C2

Bei C2 ist der Lover fester Bestandteil. Die Dame ist oft gegenüber ihrem Cuckold dominant, dem Lover gegenüber kann sie auch devot sein. Hier wird der Cuckold sexuell sehr wenig eingebunden und zieht seine Lust aus der Demütigung, die damit einhergeht. Hier kann es auch zum sexuellen Kontakt vom Lover zum Cuckold kommen, um ihn noch mehr zu demütigen.

Cuckold Klassifizierung C3

Bei C3 ist der Lover fester Bestandteil der Beziehung. Eventuell ist es sogar eine Art WG, in der man lebt. Die Dame ist gegenüber dem Cuckold sehr dominant. Der Cuckold wird zu einer Art Diener für beide und hat in der Regel keinen Sex mehr mit der Dame – das nennt man never inside.

Doch kommen wir zu einem Cuckold-Szenario. Wie kann so etwas aussehen?

Stellen wir uns vor, die Dame des Hauses besucht oder empfängt ihren Lover. Hier kann der Cuckold für verschiedene Tätigkeiten eingesetzt werden:

- Termin mit dem Lover vereinbaren.
- Nach Wünschen des Lovers und der Dame fragen.
- Der Dame beim Duschen und Ankleiden als Zofe/Diener behilflich sein.
- Die Scham der Dame rasieren.
- Die Kleidung der Dame frisch bügeln und die Schuhe putzen.
- Die Wohnung aufräumen und putzen.
- Getränke bereitstellen und eventuell Essen kochen.
- Kerzen anzünden, Kondome, Gleitgel und Handtücher bereitlegen.

- Bett frisch beziehen.
- Zum Lover chauffieren.
- Wohnung heizen.
- Bittbrief an Lover schicken, in dem steht, dass man sich wünscht, dass der Lover bald wieder Sex mit der Dame hat.

Während des Termins hat der Cuckold natürlich auch Aufgaben:

- Begrüßen des Lovers.
- Sich beim Lover für das Kommen bedanken.
- Anblasen des Penis des Lovers.
- Vorbereiten der Dame mit der Zunge (vaginal und anal).
- Kondome reichen.
- Bedienen.
- Toys anreichen und danach wieder reinigen.
- Nach dem Verkehr beide mit dem Mund reinigen.
- Das Kondom auslutschen.
- Der Cuckold darf sich selbst nicht intim berühren.

Kleiderordnung:

- Der Cuckold wird entweder nackt oder in Damenwäsche diencn.
- Zur Keuschhaltung trägt er einen Keuschheitsgürtel.
- Eventuell trägt er auch einen Analplug.

Was macht der Cuckold, während sich die beiden vergnügen und er nicht dient:

- Ist das erste Treffen in einem Restaurant oder Hotel, sitzt er am Nebentisch.
- Selbstverständlich bezahlt er aber die Rechnung.
- Er muss im Auto warten.
- Er muss im Nachbarzimmer warten.
- Er darf zusehen.

- Er darf gefesselt und mit verbundenen Augen im Raum oder Nebenraum sein.

Wie bekommt der Cuckold seine Befriedigung? Hier gibt es viele Möglichkeiten:
- Er muss sich auf Anweisung selbst befriedigen.
- Er wird keusch gehalten.
- Er darf zusehen/zuhören.

Wie kann man den Cuckold weiter demütigen?
- Er wird vom Lover gefickt oder muss diesen befriedigen.
- Er wird mit einem Strapon gefickt.
- Er bekommt einen «ruined orgasm». Das heißt, er wird so lange gereizt, bis er kaum noch kommen kann, oder man hört genau in dem Moment auf, ihn zu reizen, wenn er kommt. Es spritzt dann zwar sein Sperma, aber er wurde nicht richtig befriedigt.
- Er muss Viagra schlucken, darf aber nicht kommen.
- Man schickt ihm regelmäßig Fotos zu, wie sich der Lover mit der Dame vergnügt.
- Der Cuckold muss sich vom Lover verabschieden und sich dafür bedanken, dass er es seiner Dame gut gemacht hat.
- Er muss den Lover und die Dame siezen.
- Er muss den Bull bezahlen.
- Er muss die Schuhe des Bulls putzen, während der sich mit der Dame vergnügt.
- Er muss die Wohnung des Lovers putzen, während die beiden Sex haben.

In gewissen Altersbereichen kommt es durchaus nicht selten auch dazu, dass die Dame sich bewusst von dem Bull schwängern lässt und ihren Partner somit in höchstem Maße demütigt.

#12 DEEP THROAT

Keine

Die meisten Frauen und auch Männer haben sicherlich schon davon gehört oder gelesen, ihn aber noch nie praktiziert: den Deep Throat. Beim Deep Throat nimmt die Person den Penis so tief in den Mund, dass er ihr quasi im Hals steckt, genauer gesagt in der Speiseröhre. Das hört sich einfacher an, als es ist, denn zwischen Mund und Rachen befindet sich der Gaumen. Dieser löst einen natürlichen Würgereflex aus, wenn er berührt wird. Das Gute ist, man kann sich den Würgereflex abtrainieren und dem Liebsten den Blowjob des Lebens schenken.

Für die meisten Menschen ist es einfacher, den Penis für einen Deep Throat in die Kehle aufzunehmen, wenn ihr Kopf überstreckt ist. Die beste Methode hierbei ist es, sich auf dem Rücken aufs Bett zu legen und den Kopf über die Bettkante hängen zu lassen. Dabei ist es wichtig, dass derjenige die Tiefe vorgibt, der den Penis aufnimmt. Versucht also nicht, die Situation dadurch zu beschleunigen, dass ihr euren Schwanz einfach in die Kehle drückt. Das kann man zwar machen, ist aber kacke, weil die Person euch dann das Bett vollkotzt. Auch in der 69er-Stellung kann man den Deep Throat gut üben. Hierbei liegt die Person, die den Deep Throat bekommt, unten. Versuche dich nun zu entspannen und gehe einfach davon aus, dass es beim ersten Mal auch nicht gleich funktionieren wird. Deep Throating ist ein Weg.

Macht also auch Pausen zwischendurch, während du dich langsam an das Gefühl gewöhnst. Atme dabei ruhig und langsam durch die Nase ein und aus. Wenn der Würgereiz zu stark wird, nimm den Schwanz wieder raus und beginne nach einer kurzen Pause erneut.

Es kann auch hilfreich sein, zu schlucken, so als ob du etwas essen würdest. Achte dabei aber auf deine Zähne, nicht dass du sein bestes Stück verletzt. Man kann sich den Würgereiz auch mit einer Zahnbürste nach und nach abtrainieren.

Teste mit der Zahnbürste, wie weit du über deine Zunge in Richtung Rachen gehen kannst, ohne den Würgereiz auszulösen. Die gefundene Stelle ist der Ort, an dem es anzusetzen gilt. Streichle nun diese Stelle leicht mit der Zahnbürste, bis du dich an das unangenehme Gefühl gewöhnt hast. Führe diese Übung bei jedem Zähneputzen durch und versuche nach und nach, immer tiefer in deinen Rachen einzudringen. Bereits nach einigen Übungen dieser Art wird der Würgereiz schon kleiner werden.

Alternativ ist ein Dildo ein gutes Hilfsmittel, um Deep-Throaten zu üben. Der Ablauf ist dabei der Gleiche. Finde den Punkt, an dem der Würgereiz einsetzt, und trainiere diesen. Der Dildo hat zudem den Vorteil, dass du dich auch gleich an den Durchmesser gewöhnen kannst.

Unter Umständen kann es aber Wochen dauern, bis einem das Deep-Throaten leichtfällt.

Zur Unterstützung gibt es auch sogenannte Deep-Throat-Sprays oder -Gels, die den Rachen etwas betäuben.

Hilfreich kann es auch sein, wenn man den Penis im schlaffen Zustand in den Mund nimmt und nach hinten führt. Wird er dann steif, ist er schon hinten verschwunden. Meist ist dabei das Problem, dass der Mann schon steif ist, wenn er nur an einen Deep Throat denkt.

Auch sollte der Mann es vermeiden, seine Bauchmuskeln anzuspannen, da dann die Penisspitze nach oben zuckt und sofort den Würgereiz auslösen kann.

Beim Üben sollte dein Partner unbedingt dir die Führung, Tiefe und Geschwindigkeit überlassen.

#13 CHIKAN

Keine

Chikan bezeichnet eine spezielle Art der sexuellen Belästigung in Japan. Die Enge in einer Menschenmenge (vor allem in Pendlerzügen) wird von Männern genutzt, um zufällig in der Nähe stehende Frauen sexuell zu berühren und daraus einen Lustgewinn zu ziehen.

Als erotisches Szenario muss das natürlich geplant werden – sprich, man benötigt Mitspieler. Ob man sich selbst oder eine andere Person in die «Fänge eines Sittenstrolches» begibt, ist dabei egal. Wie kann ein solches Szenario organisiert werden?

Hierfür gibt es viele Möglichkeiten, nachdem man die passenden Mitspieler gefunden hat. Das kann über eine Kontaktanzeige oder auch spontan geschehen, indem man potentielle Mitspieler in einer Bar oder einer Diskothek direkt anspricht.

Dabei muss man sicherstellen, dass die Mitspieler die Person auch erkennen. Das geht zum Beispiel einfach durch das Tragen einer auffälligen Mütze oder eines auffälligen Schals.

Szenarien

1. Das «Opfer» stellt sich nackt in eine Umkleide, und die (durchaus fremden) Mitspieler dürfen durch Spalten Blicke auf die nackte Person erhaschen.
2. Man verabredet sich in einer vollen S-Bahn, und die Mitspieler dürfen die Person begrabschen.
3. Man schickt die Person für eine Zugstation in einen vollen Zug und teilt ihr mit, dass sie sich völlig passiv zu verhalten hat, egal was passiert. Dann verlässt man sie, um sie an der

nächsten Station wieder aufzusammeln. Während dieser kurzen Fahrt werden sie Männer intim berühren.

4 Auch in einem Freibad ist es möglich, Chikan zu spielen. Unter Wasser kann man die Person leicht anfassen, ohne dass die anderen Badegäste etwas mitbekommen. Jeder, der die Mütze erkennt, kann sich einbringen.

5 Des Weiteren sind öffentliche Toiletten oder Restaurant-Toiletten ebenfalls gut geeignet. Geht die Person auf die Toilette, wird sie dort von Mitspielern abgepasst und intim berührt.

6 In einem großen Kaufhaus zwischen eng stehenden Kleiderständern ist man ebenfalls etwas geschützt.

7 Hat man ein Hochhaus in der Nähe, kann man dazu auch den Aufzug nutzen. Während die Türen geschlossen sind, ist es dann erlaubt, die Person abzugreifen.

Risiken: **Erregung öffentlichen Ärgernisses, Stress mit unliebsamen Mitspielern**

#14 DAS FOTOSHOOTING

Keine

In Foren für Fotografie und in Online-Modelkarteien ist es ein Leichtes, einen Fotografen oder eine Fotografin zu finden und sich für Aktaufnahmen zu verabreden. Gegebenenfalls findet man auch einen (Hobby-)Fotografen, wenn man in den ganz normalen Kontaktanzeigen inseriert. Die Aufgabe besteht nun darin, den/die Fotografen/in zu verführen – allerdings ist der Partner anwesend, was den Fotografen anfangs sicherlich zurückhalten wird.

Man beginnt mit Anzüglichkeiten, zeigt mehr, als notwendig ist, und versucht den Fotografen dazu zu bringen, den Körper des «Models» zu loben. Das Model gibt sich also selbstkritisch: «Sind meine Brüste auch wirklich schön? Ich bin damit so gar nicht zufrieden ...» Natürlich kann man auch versuchen, den Fotografen zu immer heißeren Motiven zu überreden. Zum Beispiel, dass man Motive shooten will, bei denen man sich Dinge vaginal oder anal einführt, oder das Model bückt sich und gönnt dem Fotografen tiefere Einsichten ... Erlaubt ist, was euch gefällt und anmacht.
Da jedoch der Partner dabei ist, wird sich der Fotograf sicherlich gut überlegen, ob er dem «Druck nachgibt». Natürlich kann der Partner auch mal «für eine Zigarette» das Studio verlassen. Das ist doch der passende Moment, damit das Model noch etwas mehr Gas geben kann.
«Ich finde meine Brüste sind etwas zu weich, was meinst du? Fass sie doch mal an.»
«Ich glaube, ich bin schon ganz feucht im Schritt.»
Ob man das Ganze am Ende auflöst oder den Fotografen sogar ranlässt, überlasse ich natürlich euch.

#15 DIE XXX-RÄUME

beliebig

Auch das ist eine Variante, die in einem Hotel spielt. Hier werden in mehreren Räumen bestimmte Dinge passieren, und die männlichen Personen müssen beziehungsweise dürfen nacheinander alle Räume durchschreiten.

Auch hier warten die Frauen in den verschiedenen Zimmern darauf, besucht zu werden. Allerdings agieren sie in diesem Falle eher statisch. Das bedeutet, dass sie je nach Praktik in einer bestimmten Position verharren.

Themenräume für sechs Paare

1. Der Blowjob-Raum: Sie kniet nackt auf dem Boden. Ihre Augen sind verbunden, und sie beginnt zu blasen, sobald ein Schwanz in ihren Mund eindringt.
2. Der Abgreif-Raum: Die Dame steht in Halterlosen und Heels mitten im Raum. Ihre Beine sind gespreizt und die Hände im Nacken verschränkt. Auch sie trägt eine Augenbinde und darf tabulos abgegriffen werden.
3. Der Strip-Raum: Die Dame muss erotisch strippen.
4. Der Masturbationsraum: Sobald der Herr den Raum betritt, muss sich die Dame vor dem Besucher selbst befriedigen (Vibrator). Sie liegt auf dem Bett, ihre Augen sind verbunden. Der Herr nimmt auf einem Stuhl Platz, der vor dem Bett steht.
5. Der Fickraum: Die Dame kniet auf allen vieren nackt auf dem Bett. Auch ihre Augen sind verbunden, und ihr Po ist hochgereckt. Ein Kondom liegt auf ihrem Rücken. Der Herr kann die Dame nun doggy nehmen.
6. Der Auspeitsch-Raum. Die Dame darf ausgepeitscht werden. Wenn der Mann das Zimmer betritt, steht die Dame bereits an einer Wand. Sie stützt sich mit den Händen an der Wand ab. Ihre Beine sind leicht geöffnet und circa einen Meter von der Wand entfernt. Sie reckt den Po der Peitsche entgegen.

In jedem Raum dürfen sich die Männer fünfzehn Minuten aufhalten, danach geht es in den nächsten Raum.
Um zu verhindern, dass die Frau in Zimmer eins sechs Blowjobs geben muss und die Dame in Zimmer sechs ein halbes Dutzend

mal den Po gepeitscht bekommt, wird nach jedem Besuch eine andere Praktik angeboten.

Das so zu organisieren, dass jeder Mann mit jeder Frau interagiert und jeder und jede auch jeweils sechs unterschiedliche Praktiken ausüben können, ist gar nicht so einfach.

Daher nachfolgend nun das Schema, das dies ermöglicht:

	Zimmer 1	Zimmer 2	Zimmer 3	Zimmer 4	Zimmer 5	Zimmer 6
Runde 1	**Blowjob**	**Masturbieren**	**Abgreifen**	**Strippen**	**Peitschen**	**Ficken**
Runde 2	**Peitschen**	**Ficken**	**Blowjob**	**Masturbieren**	**Abgreifen**	**Strippen**
Runde 3	**Ficken**	**Blowjob**	**Masturbieren**	**Abgreifen**	**Strippen**	**Peitschen**
Runde 4	**Strippen**	**Peitschen**	**Ficken**	**Blowjob**	**Masturbieren**	**Abgreifen**
Runde 5	**Abgreifen**	**Strippen**	**Peitschen**	**Ficken**	**Blowjob**	**Masturbieren**
Runde 6	**Masturbieren**	**Abgreifen**	**Strippen**	**Peitschen**	**Ficken**	**Blowjob**

Beispiel: Der Mann, der in Runde eins in Zimmer eins war (Blowjob), geht in Runde zwei in Zimmer zwei (Ficken) und so weiter. Der Mann, der in Zimmer zwei begonnen hat (Masturbation), geht danach in Zimmer drei (Blowjob).

#16 EROTISCHE SCHNITZELJAGD

Smartphone mit Ortungsapp

Diese Schnitzeljagd muss gut vorbereitet werden. Zum einen müssen alle benötigten Utensilien gut versteckt platziert sein, und zum anderen benötigen die suchenden Personen Hinweise auf deren Ablageorte. Dieses Szenario geht also etwas in Richtung Geocaching.

Es ist also die Aufgabe der Person, diese Dinge zu finden und dann zu benutzen oder kleine Aufgaben zu erfüllen. Ob man das die Person allein machen lässt und Beweisfotos geschickt werden müssen, bevor sie die nächste Koordinate erhält, oder ob man einen gemeinsamen Spaziergang unternimmt, bleibt euch überlassen. Man kann das natürlich auch etwas mischen, sodass man die Person am Anfang noch begleitet, sie dann aber allein weiterlaufen lässt. Wie setzt man das um? Da gibt es mehrere Möglichkeiten.

Zuerst muss die Person an die richtigen Punkte navigiert werden. Das kann man zum Beispiel mit Geo-Koordinaten machen. Jeder Punkt auf der Erde kann mittels Koordinaten auf den Meter genau festgelegt werden. Am einfachsten ist es, Google Maps oder OpenStreetMap zu verwenden. Durch das Setzen einer Markierung auf der Karte bekommt ihr deren Koordinaten angezeigt.

Der Geopunkt am Marktplatz in Ludwigsburg (Baden- Württemberg) hat zum Beispiel die Koordinaten 48.89700875, 9.191569138. Man kann sich also mit dem Smartphone ganz einfach an jeden Punkt der Welt führen lassen.

Eine weitere Möglichkeit ist es, den Ort zu beschreiben, wie zum Beispiel:

1. 50 Meter von der alten Eiche nach Osten.
2. An unserem Lieblingsplatz findest du etwas.
3. Ihr druckt eine Karte aus und markiert darauf die Orte, die zu besuchen sind.
4. Ihr zeichnet auf dem Fußweg eine lange Kreidelinie (oder Richtungspfeile), der sie folgen müssen.
5. Ihr schickt ein Foto mit einem Pfeil, wo etwas liegt. Die Personen sollten diesen Ort dann aber auch kennen.

Am Ort selbst findet sich dann ein Code, den man zum Beispiel mit einem Edding hinschreiben kann. Erhält der Aufgabengeber den Code, kann er ihr die nächste Aufgabe zusenden. Oder es ist etwas vergraben, versteckt, angepinnt (Aufgabenbeschreibung mit Fotobeweis) oder abgelegt. Oder man wird dort bereits erwartet ...

Möglichkeiten

- Die Person anfangs nackt aussetzen, und sie findet erst 100 Meter weiter Kleidung, die sie anziehen kann.
- Toys (Plugs, Dildos, Vibratoren, Gewichte) verstecken, die die Person dann benutzen muss.
- Nacktfotos an bestimmten Stellen machen und zusenden lassen. Idealerweise trägt die Person nur Schuhe und Mantel.
- Sich irgendetwas, dass die Person im Wald suchen muss, anal oder vaginal einführen.

- Eine eingeweihte Person taucht auf, der sie sexuell gefällig sein muss.
- Nacktfotos auf einem Waldparkplatz.
- Nackt über ein Feld gehen.
- Durch ein Brennnesselfeld laufen oder sich mit Brennnesseln das Geschlechtsteil «brennen».
- Zeitvorgabe für das Finden der Utensilien geben und Verzögerungen bestrafen.
- Am Baum stehend den Po versohlt bekommen.
- Wäscheklammern für eine bestimmte Strecke am Körper befestigen.
- Sie findet in einer versteckten Einkaufstüte ein sehr kurzes Kleid, das sie nun anziehen muss.
- Sie muss ihren Slip ausziehen.
- Nackt in einem See baden.
- Barfuß laufen zum nächsten Punkt.
- Etwas in einem Sexshop kaufen, das sie später verwenden muss.
- In einer Tiefgarage parken, sich ausziehen und ein Foto von sich machen, wie sie nackt am Auto steht.
- Sie findet eine Wasserflasche, muss sich ein Wet T-Shirt machen und so weiterlaufen.
- Sie muss dir eine Nachricht auf das Handy schicken, was sie sexuell schon immer einmal machen will.
- Von der letzten Markierung bis zurück zum Auto muss sie nackt laufen.

Die Person läuft also von Punkt zu Punkt, bis sie am Ziel angekommen ist. Was ihr nun wirklich umsetzt, bleibt natürlich euch überlassen.

Risiken: **Erregung öffentlichen Ärgernisses**

17 THE GAME

Papier, Stift, Würfel, Schere

Dieses Rollenspiel für Paare ist eigentlich schon kein Rollenspiel mehr. Die beteiligten Personen müssen sich sehr vertrauen und die Grenzen des Gegenübers verstehen. Es geht darum, dass sich beide Beteiligten sexuelle Wünsche ausdenken, die sie gern einmal ausprobieren würden.

Ihr benötigt dafür Aktionskarten, auf denen Folgendes steht:

- Mach ich!
- Mach ich nicht!
- Gib mir eine andere deiner Aufgaben. (Diese muss dann aber ausgeführt werden.)
- Ich mache einen Gegenvorschlag.
- Aufgabe verdoppeln.
- Aufgabe halbieren.

Ihr könnt das einfach auf kleine Post-it-Zettel schreiben. Wie oft ihr welche Zettel bastelt, bleibt euch überlassen. Idealerweise gibt es aber deutlich mehr «Mach ich!»-Karten als Vetokarten.
Jede dieser Karten kann es also mehrfach geben. In Summe benötigt ihr zusammen aber genauso viele Wünsche, wie es Post-it-Karten gibt. Das bedeutet, habt ihr jeweils zehn Wünsche, benötigt auch jeder von euch zehn Post-it-Zettel.
Jede Person schreibt ihre Wünsche ebenfalls auf Karten (Wunschkarten), zeigt sie dem anderen aber nicht. Das können zum Beispiel besondere Stellungen sein oder der Einsatz neuer Toys. Die Post-its werden offen auf den Tisch gelegt.

Nun wird gewürfelt. Derjenige mit der höheren Zahl darf einen Wunsch vorlesen. Nun muss das Gegenüber entscheiden, wie er mit der Aufgabe umgehen will. Er nimmt eine seiner Aktionskarten, liest sie vor und zerknüllt sie dann. Diese Aktionskarte ist dann aus dem Spiel.

- Nimmt er «Mach ich!», führt er die Aufgabe sofort durch.
- Bei «Mach ich nicht!», wird die Aufgabe zerknüllt, und es wird erneut gewürfelt.
- Bei «Gib mir eine andere deiner Aufgaben.» sucht sich der Gewinner eine andere seiner Aufgaben heraus. Diese muss die Person nun aber auf jeden Fall machen.
- Bei «Ich mache einen Gegenvorschlag.» schlägt die Person etwas anderes vor. Der Gewinner des Würfelns kann entscheiden, ob er das haben will oder nicht. Will er es haben, wird der Wunsch ausgeführt. Danach wird neu gewürfelt.
- Bei «Aufgabe verdoppeln.» gefällt die Aufgabe wohl so gut, dass die Person mehr davon machen will.
- Bei «Aufgabe halbieren.», ist die Aufgabe wohl okay, aber man will sie nicht so oft oder nicht so lange machen.

Wichtig ist, dass ihr nach jeder Runde die benutzten Wunschkarten und Aktionskarten aus dem Spiel nehmt. Nach und nach werden so die Möglichkeiten, das Spiel zu steuern, geringer. Vielleicht sind irgendwann alle Vetos verbraucht?
Das Spiel endet, wenn einer keine Wunschkarten mehr hat. Wer also Würfelglück hat, kann mehr seiner Wünsche vorschlagen.
Dieses Spiel ermöglicht es, einer Beziehung spielerisch neue sexuelle Impulse zu geben.

#18 JOBSUCHE/ WOHNUNGSSUCHE

Keine

Auch die klassische Suche nach einem Job kann man als Rollenspiel oder erotisches Szenario verwenden.
Folgende Anzeige wird in einem entsprechenden Portal aufgegeben:

Junge, devote Frau sucht Aushilfsjob
Um mir den Traum eines eigenen Autos erfüllen zu können, suche ich einen Nebenjob. Ich bin 28 Jahre alt, wiege 55 Kilo und bin 162 Zentimeter groß. Ich bin versiert in den Microsoft-Programmen, arbeite selbständig und bin anpassungsfähig. Gern kann man mich für vielerlei Tätigkeiten (Sekretariat, Begleitung zu Geschäftsterminen und auf Dienstreisen und so weiter) einsetzen, und ich erfülle nebenher auch außergewöhnliche Wünsche meines Arbeitgebers. Ich bin zudem zuverlässig, diskret und offen und gestalte meine Arbeitszeiten flexibel. Neben meiner devoten Art bin ich auch nett anzuschauen und sympathisch. Ich freue mich auf ein Vorstellungsgespräch, um Sie von meinen Fähigkeiten zu überzeugen.

Für das Vorstellungsgespräch benötigt man gegebenenfalls auch entsprechende Bewerbungsunterlagen.

Hier ein Beispiel – das Anschreiben Jobsuche:

Sehr geehrter Herr X,
vielen Dank für Ihr Interesse an meiner Bewerbung.
Anbei finden Sie meinen Lebenslauf.
Alles Weitere würde ich gern in einem persönlichen Gespräch klären, weil ich Sie sicherlich bei einem persönlichen Treffen viel besser von meinen Fähigkeiten überzeugen kann.

Mit freundlichen Grüßen,
xxxx

Bewerbungsunterlagen

LEBENSLAUF

Name:	**Mustermann**
Adresse:	**xxx**
Geburtsdaten:	**xxx**
Familienstand:	**ledig**
e-Mail:	**xxx@yyy.de**
Telefon:	**0................**

Beruflicher Werdegang

01.07.2010 – heute	**Bardame und Bedienung**
08/1983 – 12/2019	**Arbeit als Sekretärin bei Firma Haller**
08/1982 – 07/1983	**Freiberufliche Begleitdame**

Schul- und Berufsausbildung

08/1979 – 07/1982	**Ausbildung zur Sekretärin**
08/1973 – 07/1979	**Mittlere Reife**

Sonstige Kenntnisse

Französisch sowie Deutsch in Wort und Schrift
MS-Office-Produkte

Zum Vorstellungsgespräch geht man dann natürlich entsprechend sexy gekleidet und versucht, den potentiellen Chef mit ganzem Körpereinsatz zu überzeugen. Sollte das Gegenüber nicht den Vorstellungen der Person entsprechen, kann man den Herrn zumindest etwas «wuschig» machen, bevor man sich verabschiedet. Ob man danach wohl ein Jobangebot erhält?
Nachfolgend nun die Variante mit der Wohnungssuche. Mietangebote gibt es in Zeitungen und Onlineportalen zuhauf, und es ist gerade in Städten nicht einfach, eine passende und bezahlbare Wohnung zu finden. Das wissen auch die Vermieter.
Daher dürfte es die vielleicht gar nicht überraschen, eine solche Bewerbung zu erhalten.

Das Anschreiben Wohnungssuche

Sehr geehrter Herr X,
mit großem Interesse habe ich Ihr Wohnungsangebot gelesen. Ich bin eine alleinstehende Frau und suche eine neue Bleibe.
Wenn ich mich selbst beschreiben müsste, würde ich mich als offen, zuverlässig und etwas sexy beschreiben. Finanziell bin ich durch meine Vollzeitstelle als kaufmännische Angestellte gut abgesichert, und die Miete würde immer im Voraus zuverlässig bezahlt werden.
Da ich ein gutes und persönliches Verhältnis zu meinem Vermieter haben möchte, bin ich auch offen, zusätzlich zur Miete weitere Verpflichtungen zu übernehmen. Zum Beispiel könnte ich mir hier ein monatliches privates Treffen vorstellen. Dieses gestalte ich dann ganz nach Ihren Vorstellungen ...
Ich würde mich freuen, Sie bei einem Vorstellungs- beziehungsweise Besichtigungstermin von meinen Qualitäten überzeugen zu können.

Mit freundlichen Grüßen,
...

Sollte man eine Einladung des Vermieters erhalten, geht man allerdings zuerst einmal nicht allein hin, sondern mit dem Partner. Diesen stellt man als Freund vor.
Der Vermieter wird dann sicherlich etwas enttäuscht schauen.
Sollte der Vermieter aber den Vorstellungen der Person entsprechen, würde sich der Partner verabschieden oder in einen anderen Raum gehen.
Danach bleibt es der Person überlassen, wie weit sie das Spiel treibt ...

#19 SCHLAMPENBINGO

USB-Stick

Die Person muss einen USB-Stick vorbereiten. Auf diesem ist Folgendes abgespeichert:

- eine Textdatei (Inhalt folgt)
- ein Foto der Dame im Bikini (oder auch nackt), aber ohne Gesicht

Die Textdatei enthält folgenden Text:

Willkommen beim Schlampen-Bingo!
Du hast Glück gehabt und diesen USB-Stick gefunden.
Die Dame auf dem Foto ist meine Frau.
Sie hat schon lange den Wunsch, sich einem Fremden hinzugeben. Ich möchte ihr gern diesen Wunsch erfüllen, mache daraus aber ein kleines Bingospiel.

Sende eine Nachricht mit einer Zahl zwischen 1 und 8 an folgende Mailadresse: schlampe@gmx.de (nur ein Beispiel).
Je nachdem, welche Zahl du uns sendest, bekommst du dafür etwas. Im Angebot stehen:

- *Ein Porno-Wunschfoto, das meine Frau für Dich machen muss.*
- *Sie geht mit dir essen. Du bezahlst, und du darfst ihr am Tisch unter den Rock greifen und sie befummeln.*
- *Niete.*
- *Du bekommst einen Handjob.*
- *Du bekommst einen Blowjob.*
- *Eine Stunde Sex mit ihr.*
- *In einer Umkleidekabine im Kaufhaus tabulos begrabschen.*
- *Sie wird sich dir völlig nackt irgendwo in einem Wald zeigen.*

Welches Angebot hinter welcher Zahl steht, sagen wir dir natürlich nicht ... Hier musst du uns vertrauen, dass wir ehrlich sind.
Ach ja, du solltest über 18 Jahre alt sein, okay?
Solltest du kein Interesse an diesem Spiel haben, so lege den USB-Stick bitte wieder an die Stelle, an der du ihn gefunden hast.
Frank (und die geile Sarah)

Diesen USB-Stick legt ihr nicht allzu gut versteckt in einem Club oder einer Diskothek ab. Es ist wichtig, dass dort nur Erwachsene Zugang haben und keine Kinder. Zum Beispiel ist die Toilette sicherlich ein geeigneter Ort dafür.
Nun müsst ihr einfach warten, ob der Stick gefunden wird. Spannend, oder?

Risiken: **Erregung öffentlichen Ärgernisses**

#20 DIE RADTOUR

Plugs, Liebeskugeln, Dildo, fernsteuerbarer Vibrator

Sommerzeit ist Radtour-Zeit, und nachfolgendes Szenario ist eine Art erotische Radtour.

Der erste Teil der Radtour ist noch recht einfach. Die Person trägt keine Unterwäsche und setzt sich die ersten Kilometer so auf den Sattel. Ein kurzer Rock verdeckt das meiste, aber nicht alles. Wichtig ist, dass sie wirklich mit ihrer Haut direkt den Sattel berührt. Ist die Person ein Mann, kann sie ja einen Kilt tragen.

Nach einer Weile wird «umgebaut». Nun trägt die Person für einige Kilometer Liebeskugeln in ihrer Pussy, gefolgt von einem Analplug für den nächsten Streckenabschnitt.

Für die nächsten Kilometer steckt dann ein fernsteuerbarer oder dauervibrierender Vibrator in ihr.

Zu guter Letzt wird auf dem Sattel ein Dildo befestigt. Der Dildo benötigt eine größere Fußplatte, damit man ihn gut auf dem Sattel befestigen kann. Dies geschieht mit mehreren Lagen Klebeband.

Einige dieser Variationen sind natürlich auch für Männer geeignet.

Die letzten Kilometer sitzt die Person wie mit dem nackten Po auf dem Sattel.

Ach ja, bitte den Helm nicht vergessen!

Risiken: **Erregung öffentlichen Ärgernisses**

#21 MORGEN BIN ICH TOT

EGAL

Keine

Stellt euch vor, ihr würdet heute erfahren, dass ihr nur noch einen Tag zu leben hättet. Was würdet ihr sexuell unbedingt noch tun wollen?

Dieses Szenario sollte auf Gegenseitigkeit gespielt werden. Es dürfen also beide von euch ihren «letzten Wunsch» äußern. Das Spiel wird dann spannend, wenn man sich gegenseitig verspricht, dass man es dann auch durchführt. Bei eifersüchtigen Menschen kann das allerdings rasch problematisch werden. Aber das, was man gibt, bekommt man ja auch. Es wäre also ein Geschäft auf Gegenseitigkeit. Natürlich müssen die Wünsche realistisch sein. Eine Nacht mit Georg Clooney zu verbringen mag eine schöne Fantasie sein, realistisch ist sie aber nicht.

Und seid mutig. Hier geht es nicht darum, einen Wunsch zu äußern, der eurem Partner gefallen könnte beziehungsweise für ihn auch okay wäre. Es geht um DEINEN letzten Willen – ohne Rücksicht auf den Partner.

Also, sag: «Wenn ich morgen sterben würde, würde ich heute noch …»

#22 DAS WETTRENNEN

Keine

Bei diesem Spiel wird eine Art erotisches Wettrennen durchgeführt. Der Sieger hat dann das Recht, zu bestimmen, was die andere Person sexuell machen muss. Dieses Spiel kann natürlich auch von zwei Paaren gespielt werden.

Das Wettrennen ist nun aber kein Rennen im klassischen Sinne, sondern es sind verschiedene Aufgaben zu erfüllen. Jeder Beteiligte darf zum Beispiel fünf Aufgaben benennen, die durchzuführen sind. Dabei ist darauf zu achten, dass alle nahezu die gleiche Chance haben, diese Aufgabe auch zu schaffen. Hundert-Kilogramm-Gewichte heben ist nicht geeignet, wenn die Freundin selbst nur fünfzig wiegt. Die Aufgaben müssen also fair sein und bestimmten Kriterien entsprechen.

Diese wären:

- Die Aufgaben müssen für alle Beteiligten machbar sein und dürfen niemanden extrem bevorzugen.
- Es muss jede der folgenden Kategorien einmal erfüllt werden:
  - Glücksspiel
  - körperliche Aufgabe
  - Gehirnjogging

Beispiele Glücksspiel

- So lange würfeln, bis eine Sechs gewürfelt wurde (das kann man mehrfach verwenden).
- Ein Ubongo lösen.

- Je ein Kartenspiel mischen und so lange abheben, bis der Kreuzbube kommt.

Beispiele körperliche Aufgabe
- Sich fünf Klammern an die Hoden oder Schamlippen setzen und wieder entfernen.
- Einen Tischtennisball in ein Glas werfen.
- Sich einmal komplett ausziehen und wieder anziehen (Achtung, Anzahl der Kleidungsstücke sollte gleich sein).
- Kondom aufblasen, bis es platzt.
- Sich einen Plug in den Po stecken und wieder entfernen.
- Bei zwei Paaren: Die Partnerin lecken, bis sie kommt (seid ehrlich).
- Bei zwei Paaren: Der Mann muss ohne Zuhilfenahme der Hände einen Dildo in den Mund nehmen und ihn der Frau vaginal einführen.
- Bei zwei Paaren: Die Frau erregt den Mann, bis der Schwanz steht. Nun wird eine leere Klopapierrolle über den Schwanz gezogen. Nun muss der Mann versuchen, die Rolle ohne Zuhilfenahme der Hände wieder vom Penis zu bekommen.
- Bei zwei Paaren: Der Mann muss einen Tischtennisball mit dem Mund aus einer Schale holen, ihn dann der Frau in den Mund schieben. Diese legt den Tischtennisball wieder zurück.
- Bei zwei Paaren: Die Frau muss dem Mann drei Kondome überziehen.
- Bei zwei Paaren: Die Frauen müssen den Männern einen Cockring anlegen.
- Bei zwei Paaren: Die Frau leckt am Stück vom rechten Zeh nach oben, nimmt den Schwanz in den Mund und leckt am linken Fuß hinunter bis zum linken großen Zeh. Dann wird getauscht.
- Bei zwei Paaren: Die Frauen müssen ihren Slip ausziehen und ihn aus zwei Metern Entfernung auf eine Flasche werfen, sodass er über dem Flaschenhals liegt.

- Bei zwei Paaren: Die Männer müssen den BH der eigenen Frau lösen und sich selbst umlegen.
- Bei zwei Paaren: Die Männer müssen mit verbundenen Augen den BH der Frau öffnen.
- Bei zwei Paaren: Die Frau muss dem Partner mit den Zähnen den Slip ausziehen.
- Bei zwei Paaren: eine Kerze anzünden und dem Partner zehn Wachstropfen auf die Brust träufeln.

Beispiel Gehirnjogging

- Sudoku lösen.
- Eine einfache, aber lange Matheaufgabe lösen (bei Fehlern gibt es zehn Sekunden Strafzeit).
- «Fischers Fritz ...» dreimal fehlerfrei aufsagen
- Oder ihr kauft euch einfach ein Rätselheft und sucht euch da ein paar Aufgaben raus.

Der Ablauf

Zuerst werden alle Aufgaben erklärt und die notwendigen Utensilien zweifach bereitgelegt. Danach wird die Reihenfolge der Aufgaben festgelegt. Nun wird gestartet. Gewonnen hat derjenige, der zuerst alle Aufgaben korrekt gelöst hat. Für fehlerhaft gelöste Aufgaben gibt es Strafzeiten.

Der Sieger oder das Siegerpaar darf nun bestimmen, was passiert.

#23 KÖRPERMALEN

wasserlösliche Farben, Malerfolie und große Papierseiten

Bei dieser Aufgabe wird mit dem Körper auf einem großen Bogen Papier ein Körperabdruck oder Abdrücke von Po, Brust, Penis hergestellt.
Am besten besorgt man sich eine Rolle weiße Tapete oder großes Papier für ein Flipchart.
Nun schmieren sich die Personen mit zwei unterschiedlichen Farben ein und pressen ihren Körper beziehungsweise Körperteile gegen das Papier. Oder ihr versucht, Sex zu haben, und die Farbe ergibt dann ein sehr skurriles Gemälde, dessen Bedeutung nur ihr kennt. Darum solltet ihr auch zwei verschiedene Farben verwenden.
Legt unbedingt eine Malerfolie drunter, damit die Wohnung nicht versaut wird.
Das Bild kann man dann rahmen und als Erinnerung aufhängen.

#24 DER QUICKIE

EGAL

Keine

Ein Quickie ist der schnelle Sex für Zwischendurch. Es wird also bewusst auf das Vor- und Nachspiel verzichtet. Hart, kurz und etwas egoistisch ... das ist ein Quickie.

Natürlich kann man Quickies auch zu Hause machen (zum Beispiel der Küchentisch-Klassiker), aber so richtig interessant wird das Ganze erst outdoor oder in einer fremden Location.
Damit es wirklich schnell geht, solltet ihr ein paar Dinge beachten:

1. Am besten trägt die Frau ein kurzes Kleid und verzichtet auf Unterwäsche.
2. Der Mann trägt eine Hose, die er schnell runter- und wieder raufziehen kann. Auch er trägt keinen Slip.
3. Der Ort, den ihr wählt, sollte zumindest für ein paar Minuten einsam sein.
4. Es kommt nicht unbedingt darauf an, dass ihr zum Orgasmus kommt – auch wenn das natürlich schön wäre –, sondern es ist der Kick, der euch befriedigt.

Es ist angerichtet.
Doch wo kann man sich nun einen Quickie gönnen?

- In der Mittagspause im Büro des Partners.
- Im Aufzug eines Hochhauses (gegebenenfalls einfach mal Stopp drücken ...).
- Auf der Kühlerhaube eines Autos in der Tiefgarage oder auf einem Parkdeck.
- Im Park bei einbrechender Dunkelheit.
- In einem Auto auf einem öffentlichen Parkplatz.
- In der Umkleidekabine im Hallenbad.
- Abends auf dem Sportplatz am Torpfosten – der Traum jedes Mannes.
- Auf einem alten Friedhof.
- In einer Bergbahn oder Gondel.

Achtet aber unbedingt darauf, dass ihr niemanden mit eurem Tun belästigt oder plötzlich Kinder vor euch stehen.

Risiken: **Erregung öffentlichen Ärgernisses**

#25 DAS GESCHENK

Keine

Hierzu benötigt man einen Mitspieler, der/die sexuell sehr offen ist.
Irgendwann gibt es einen Geburtstag und ein besonderes Geschenk. Damit ist eigentlich schon alles gesagt. Der eigene Partner verbringt also als Geburtstagsgeschenk einen Abend mit dem/der Bekannten. Wie weit das geht, solltet ihr allerdings vorher untereinander besprechen.
Der Beschenkte erhält also einen Brief, in dem steht, dass die Person ihm bei Gelegenheit oder sofort sexuell zur Verfügung steht. Dem Brief liegen noch ein paar Kondome bei.
Hier ein Beispiel:

Hallo mein Lieber, zu deinem 40. Geburtstag möchte ich dir etwas Besonderes schenken – meine Frau!
Schenken ist vielleicht der falsche Begriff, es ist eher ein Ausleihen für einen Abend. Ihre Aufgabe ist es, dich einen Abend lang zu verwöhnen. Sie wird dich bekochen, massieren, mit Wein abfüllen und dir am Ende des Abends auch noch einen gigantischen Blowjob geben.
Ich hoffe, das ist in deinem Sinne!

Peter

Natürlich trägt die Person an diesem besonderen Termin auch eine breite Schleife, damit man sie schön auspacken kann.

26 ROLLENTAUSCH

Strapon (Umschnalldildo), diverse Kleidungsstücke, Perücke

Jetzt werden einmal richtig die Rollen getauscht! Der Mann wird zur Frau und die Frau zum Mann. Das hört sich nun erst einmal komisch an ... kann aber eine interessante Erfahrung sein.
Um das Ganze authentisch zu gestalten, solltet ihr nicht nur die Rollen tauschen, sondern auch die Kleidung. Leider passen die Kleider der Damen dem Herrn meistens nicht. Eventuell müsst ihr euch also etwas kaufen.
Das Wichtigste aber ist ein Strapon: der Umschnalldildo. Diesen Umschnaller nutzen Dominas für ihre Kunden, um sie zu demütigen. Es gibt sie in verschiedenen Durchmessern, und das nicht ohne Grund ...
Seid bei der Wahl aber etwas vorsichtig. Sollte der Durchmesser zu groß sein, kann dies zu schmerzhaften Problemen im Analbereich des Mannes führen. Verwendet auf jeden Fall vieeeeellll Gleitgel.
Meist ist der Einstieg in das Szenario etwas schwierig. Beide werden sich unter Umständen nicht gleich wohl in ihrer Rolle fühlen.
Zuerst müsst ihr euch entsprechend einkleiden. Der Mann wird geschminkt, trägt Nagellack und eine Perücke und sieht in Heels, Halterlosen und kurzem Kleid heiß aus. Die Dame trägt vielleicht einen Hosenanzug und darunter natürlich schon den angelegten Strapon. Nennen wir die beiden einfach mal Klaus und Petra.
Am einfachsten startet ihr gleich im Schlafzimmer. Vielleicht übernimmt Klaus (die eigentliche Frau) gleich die Initiative, knutscht heftig mit Petra und grapscht hemmungslos an ihr herum. Sie ist offensichtlich die Dominante!

Nach einer Weile lässt sie Petra hinknien, öffnet ihre Hose, und der Strapon springt heraus. Nun darf Petra erst einmal blasen ... und zwar ausgiebig. Die Frau dirigiert die Geschwindigkeit und Tiefe und kann sich nun für all die Würgereize, die sie selbst erleben musste, revanchieren. Sie hält Petras Kopf fest und nimmt ihn hemmungslos.

Nun darf Petra ein Kondom holen und auf den Strapon ziehen. Jetzt ist Klaus bereit. Petra kniet sich nun auf alle viere, und Klaus verteilt noch etwas Gleitgel auf der Rosette. Idealerweise dehnt sie mit den Fingern etwas vor.

Dann dringt sie langsam und vorsichtig ein und beginnt, Petra zu ficken. Petra darf nun seinen Schwanz wichsen. Irgendwann ist ein Stellungswechsel angesagt. Petra legt sich mit dem Rücken auf das Bett und zieht die Beine an. Klaus kniet sich vor Petra und fickt ihn ... äh sie ... nun in dieser Stellung erneut in den Po. Da sie ihre Hände frei hat, kann sie sich nun auch mit Petras Schwanz beschäftigen, bis er kommt.

#27 EROTISCHE MASSAGE

Briefumschlag und Papier und was immer ihr wollt

Bei diesem Szenario ist einiges vorzubereiten.

Du willst deinen Partner mit etwas Besonderem überraschen, nämlich einem Brief. In diesem Brief stehen Anweisungen beziehungsweise Wünsche oder eine Geschichte. Ihr solltet euren Partner im Vorfeld informieren, dass er sich an diesem Tag auf etwas Besonderes einrichten soll und er pünktlich nach Hause zu kommen hat. Nicht, dass du im Hotel auf ihn wartest und er gerade bei einem Quickie mit seiner Sekretärin im Aufzug steckt. Ich mache das Ganze mal anhand eines Szenario etwas deutlicher: Sobald euer Partner (hoffentlich pünktlich) nach Hause kommt, findet er einen Brief an sich vor. Er liest Folgendes:

Gutschein für eine Massage

Sehr geehrter Herr Müller, anbei finden Sie den bestellten Gutschein für eine Massage. Dieser ist am (Datum von heute) um 19 Uhr einzulösen. Ihre Masseurin Layla wartet auf Sie im Hotel Rose in Zimmer 13. Bitte bringen Sie diesen Gutschein, einen Bademantel sowie ein großes Handtuch mit. Bitte befolgen Sie alle Anweisungen der Masseurin, sodass es für Sie ein unbeschreiblicher Abend wird.

Wir wünschen Ihnen gute Entspannung!

In der Zwischenzeit bereitest du im Hotelzimmer alles vor und verwandelst dich in Layla. Nun muss nur noch der Einstieg gefunden werden.

Herr Müller klopft also hoffentlich pünktlich an der Zimmertüre, und es wird ihm geöffnet. Vor ihm steht eine Dame im Kimono. Ihre Haare sind hochgesteckt, und sie begrüßt ihn freundlich.

«Guten Tag Herr Müller, ich bin Layla. Kommen Sie doch herein, und legen sie ab.»

Herr Müller macht, wie ihm geheißen. Der Raum ist in weiches Licht getaucht. Ein paar Kerzen brennen, Räucherstäbchen verbreiten einen angenehmen Duft, und es riecht nach Rosenöl. Leise asiatische Musik erklingt, und er fühlt sich nach Japan versetzt.

«Ich möchte Sie nun bitten, sich noch kurz zu duschen und den Bademantel anzuziehen, und dann beginnt schon die Massage.»

Herr Müller ist geduscht und betritt das Zimmer. Layla steht vor ihm. Ihr Kimono ist leicht geöffnet, und er sieht die Ansätze ihrer Brüste.

«Bitte legen Sie sich auf den Bauch.»

Während sie das sagt, gleitet ihr Kimono zu Boden, und Layla steht nur noch mit einem Slip bekleidet vor Herrn Müller.
Nun beginnt die Massage. Gebt euch dabei wirklich Mühe und verwendet viel Öl. Arbeitet euch von den Füßen nach oben, und seid dabei nicht zu zart. Natürlich soll es noch angenehm sein.
Nach einer Weile beginnt Layla, sich mit ihrem Oberkörper an Herrn Müller zu reiben. Das nennt man eine Body-to-Body-Massage. Dann werden wieder Schultern und Nacken massiert. Irgendwann darf sich Herr Müller umdrehen.
«Schließen Sie bitte die Augen», weist Layla an.
Sie zieht ihren Slip aus, setzt sich auf Herrn Müller und massiert seine Brust und Oberarme. Langsam arbeitet sie sich nach unten, und nun beginnt sie Herrn Müllers bestes Stück zu bearbeiten. Auch hier verwendet unbedingt viel Öl. Irgendwann hält es Herr Müller kaum noch aus, und Layla besteigt und reitet ihn. Vielleicht setzt sie sich aber auch auf das Gesicht ihres Kunden und lässt sich ausgiebig lecken.

Spätestens jetzt ist das Rollenspiel zu Ende, und der Sex beginnt.

#28 PROSTITUIERTE/ CALLBOY IM HOTEL

Reizwäsche, Augenbinde, kurze Seile, Perücke

Bei diesem Rollenspiel sagt die Überschrift eigentlich schon alles. Natürlich ist dieses Rollenspiel ein Klassiker, aber gerade hier sind die Details in der Umsetzung wichtig, um es möglichst authentisch wirken zu lassen.

Auch bei diesem Szenario ist einiges vorzubereiten: Ihr solltet euren Partner im Vorfeld informieren, dass er sich an diesem Tag auf etwas Besonderes einrichten soll und er pünktlich nach Hause zu kommen hat.

Im Laufe des Tages sendest du deinem Partner folgende Nachricht auf sein Smartphone:

Hallo, hier ist Gloria vom Escort-Service Feuchte Spalte, ich bestätige unseren Termin am (heute) um 19 Uhr. Du triffst mich im Hotel Ausblick in Zimmer 25. Klopfe bitte dreimal, damit ich weiß, dass du es bist. Für meine Dienste erhalte ich 100 Euro, die ich dich in bar mitzubringen und vorab zu zahlen bitte. Der Buchungszeitraum ist zwei Stunden.

Nun gibt es zwei Möglichkeiten, wie diese Nachricht weitergeht. Entweder möchtest du bestimmen, was passieren soll, oder du lässt deinen Partner mitentscheiden.

Fall 1

Wie besprochen stehe ich für ... zur Verfügung
Kisses, Gloria

Fall 2

Schreib mir doch noch bitte deine Wünsche, damit ich mich darauf einrichten kann.
Kisses, Gloria

Fall eins hat den Vorteil, dass du deinem Partner deine Wünsche nennen kannst und ihm die Möglichkeit gibst, deine Fantasien zu verstehen. Vielleicht wolltest du ja schon lange einmal Analverkehr ausprobieren? Mit Fall zwei gibst du ihm die Möglichkeit, seine Fantasien auszuleben.

Spannend, oder?

Zum Ablauf

Bevor dein Partner im Hotel erscheint, musst du den Raum etwas gestalten: Dämpfe das Licht, zünde Kerzen an, stelle eine Flasche Sekt und zwei Gläser kalt, und lege die Toys bereit, die du benötigst. Lege zur Dekoration auch ein paar Kondome und eine Küchenrolle aus. Kleide dich nun auch wie eine Prostituierte, am besten in Reizwäsche, Heels und so weiter. Schminke dich etwas stärker als sonst und lege viel Parfum auf. Ein eleganter Bademantel/Kimono aus Seide komplettiert alles. Vielleicht setzt du auch noch eine hübsche venezianische Maske auf, die dein Gesicht etwas verdeckt und fremdartig aussehen lässt.

Pünktlich klopft dein Kunde an der Türe, und du öffnest.

«Hallo Peter, komm doch erst einmal rein.»

Ihr betretet das Zimmer.

«Erledigen wir schnell das Finanzielle, und dann kannst du noch kurz duschen.»

Gloria bedankt sich für das Geld, steckt es weg und zeigt Peter die Dusche.

Peter kommt geduscht aus dem Badezimmer. Gloria bietet ihm zuerst einen Sekt an, und sie stoßen an. Gloria stellt das Glas zur Seite, lässt den Kimono zu Boden gleiten und stellt auch Peters Glas zur Seite. Sie nimmt seine Hände und legt sie auf ihren Po.

Nun beginnt der eigentliche Sex. Hierbei ist es gut, wenn Gloria nach wie vor die Führung übernimmt, damit die jeweils «vereinbarten» Wünsche auch durchgeführt werden.

Pünktlich nach zwei Stunden ist das Ganze vorbei, und Gloria schickt ihren Freier nach Hause. Macht das wirklich so, und geht erst daheim wieder zurück in den Alltag.

Natürlich kann es auch ein Callboy und die Kundin sein. Der Callboy empfängt die Dame dann vielleicht erst in der Hotelbar mit einem schicken Anzug bekleidet und führt sie nach der Klärung der Wünsche und der Bezahlung nach oben.

#29 DAS GROSSE FRESSEN

Was immer ihr wollt und natürlich alles, was ihr zum Kochen benötigt.

Eros und Lukullus vereint – darum geht es in diesem Szenario. Was ihr benötigt, ist ein 4-Gänge Menü und ein paar Ideen, was ihr sexuell umsetzen wollt. Besonders spannend ist es, wenn jeder fünf Karten mit seinen Wünschen beschriftet. Diese werden nach jedem Gang umgedreht und ausgeführt. Und seid dabei ruhig mutig mit euren Wünschen, oftmals ist der Partner gar nicht so prüde, wie ihr denkt!
Der Abend beginnt mit einem gemeinsamen Kochen. Die Dame bereits erotisch aufgestylt, der Mann elegant gekleidet.

1. Der Aperitif

Das kann zum Beispiel ein Glas Sekt oder Aperol Spritz sein. Ihr stoßt an, und jeder dreht seine erste Karte um und gibt sie dem anderen. Nun wird zuerst der Wunsch der Dame erfüllt, dann der des Herrn. Da es erst der Aperitif ist, sollte das aber nicht zu lange dauern, da sonst das Essen kalt wird.

Beispiele:

- kurzes Anlecken/Blowjob
- kleines Spiel mit einem Vibrator oder Herrenvibrator
- etwas Fußerotik
- ein kleiner Strip

2. Die Suppe

Nun wird die Suppe serviert und langsam gegessen. Noch ein Schluck Sekt kann nicht schaden, um die Hemmungen weiter fallen zu lassen. Dann geht es schon etwas heftiger zur Sache, doch denkt auch hier daran, dass der Hauptgang nicht kalt werden sollte.

Beispiele:

- Einsatz eines Herrenmasturbators bis kurz vor dem Kommen
- Einsatz eines fernsteuerbaren Vibrators in der Dame bis kurz vor dem Kommen. Oder darf sie schon ein erstes Mal?
- kurzes Anficken über den Tisch gebeugt
- Facesitting
- beim Pinkeln zusehen lassen
- Deep Throat
- Po lecken
- aus dem Schuh trinken

3. Der Hauptgang

Hoffentlich ist euer Hauptgang noch nicht kalt geworden ... Genießt ihn jetzt in aller Ruhe, und trinkt noch etwas Sekt. Wandert da gerade ein bestrumpfter Fuß an seinem Bein nach oben?
Nach dem Hauptgang wird es Zeit, in die Vollen zu gehen. Wirf sie bäuchlings auf den Tisch, reite ihn bis zur Bewusstlosigkeit, seid roh und herzhaft und macht es so lange, bis ihr völlig erschöpft seid.

4. Das Dessert

Irgendwann ist es so weit, und das Dessert beschließt den Abend ...

#30 DER SPIELEABEND MIT BEDIENUNG

Keine

Dies ist ein etwas heikles Rollenspiel.
Die Aufgabe der Dame besteht darin, bei einem Treffen mit seinen Freunden die erotische Bedienung zu spielen. Die Freunde sind dabei nicht eingeweiht. Daher darf man zwar mit den Reizen spielen, aber vielleicht doch nicht zu sehr.
Die Jungs treffen sich also zum Skatabend. Die Dame des Hauses öffnet die Türe in einem etwas zu freizügigen Outfit. Vielleicht ist sie barfuß und trägt nur einen kurzen Rock und eine etwas durchsichtige Bluse mit großem Ausschnitt, oder sie trägt sogar (daheim) Heels. Das bleibt euch überlassen. Natürlich trägt sie keinen BH und vielleicht auch keinen Slip.
Sie führt die Gäste ins Wohnzimmer und fragt, was sie trinken wollen. Wenn sie die Getränke bringt, beugt sie sich so nach vorne, dass die Jungs einen Blick in ihren Ausschnitt werfen können. Sie nimmt in der Nähe der Spielrunde Platz und liest etwas. Dabei gehen wie aus Versehen ihre Beine auseinander, und sie präsentiert ihren Slip (oder mehr, falls sie keinen trägt). Ab und an fragt sie nach, ob die Jungs noch etwas trinken wollen. Ihr Rock hat sich nun hinten im Slip verfangen, und sie präsentiert beim Laufen ihre fast nackte Kehrseite. Erneut bringt sie Getränke, und ihr Ausschnitt zieht die Blicke der Jungs auf sich.
Die werden sicherlich mittlerweile sehr nervös sein. Der Gastgeber tut, als ob nichts wäre.
Nun müssen natürlich Erdnüsse gebracht werden. Dabei fallen einige runter, und die Dame des Hauses muss nun auf dem Boden

rumkriechen und sie aufsammeln. Blitzt da der Po unter dem kurzen Kleid hervor? Trägt sie wirklich keinen Slip?
Im Radio kommt ein tolles Lied, und die Dame des Hauses muss nun unbedingt tanzen.
Irgendwann ist der Abend vorbei, und zur Verabschiedung drückt sich die Frau noch einen Moment zu eng und zu lange an die Freunde ihres Mannes. Ob die Herren wohl gern mit ihren Händen erkunden würden, ob sie wirklich keinen Slip trägt?
Und nun mein Standardsatz: Wie weit ihr das treibt, bleibt natürlich euch überlassen.
Und vielleicht klärt ihr irgendwann eure Freunde ja auch auf ...

Risiken: **kleine Empörung**

#31 DAS BUCH

Keine

Nun werdet ihr Schriftsteller!
In diesem Rollenspiel werdet ihr gemeinsam ein Buch schreiben. Das muss kein Pulitzerpreis-verdächtiges Werk werden, sondern es wird eine erotische Geschichte, die ihr am Ende dann auch umsetzt. Das Ziel ist es, dass jeder seine Wünsche (auch die vielleicht etwas mutigeren) in diese Geschichte einbindet. Die Geschichte beginnt mit: «Es war einmal ...». Und sie endet mit: «Und wenn sie nicht gestorben sind, dann ficken sie noch heute.»
Der Ablauf ist eigentlich ganz einfach. Einer von euch beiden beginnt die Geschichte, und nach wenigen Sätzen übernimmt

die andere Person. Es schreibt jeder jeweils aus der eigenen Sichtweise.

Person 1
Es war einmal eine Frau, die langweilte sich fürchterlich. Der Alltag und ihre Kinder hatten sie quasi «aufgefressen», und sie entschied sich, zumindest für zwei Stunden auszubrechen. Sie zog sich also sehr sexy an, verabschiedete sich von Mann und Kind und lief planlos los. Die Leuchtwerbung eines heruntergekommenen Hotels machte sie neugierig, und sie betrat es, um an der Bar etwas zu trinken.

Nun endet der erste Teil, und die zweite Person schreibt weiter.

Person 2
Ich saß nach einem harten Arbeitstag müde an der Bar meines Hotels. Eine Dienstreise hatte mich hierhergeführt, und ich hasste diese Abende, die ich dann allein verbringen musste. Die Hoteltür schwang auf, und eine Frau trat ein.
Wow, irgendwie passt sie gar nicht hierher. Kurzes Kleid, Heels, sehr gepflegt ...
Sie schaute mich kurz an, nickte grüßend mit dem Kopf und setzte sich zwei Meter von mir entfernt an die Bar. Ihr Rock rutschte noch weiter nach oben, und ich konnte den Ansatz ihrer Halterlosen erkennen. Mein Jagdtrieb war geweckt, und ich sprach sie an. Vielleicht ging heute Abend ja doch noch etwas ...

Person 1
Kaum hatte ich mich hingesetzt, sprach mich der Müde an und fragte, ob er mir ein Glas Wein ausgeben dürfte. Ich antwortete, dass mir gerade mehr nach Schnaps ist. Er lachte, stand auf und setzte sich neben mich.
«Was macht eine so attraktive Dame in einem solchen Hotel?»
«Ich suche wohl ein Abenteuer», antwortete ich mutig.

Der Mann schaute kurz verdutzt und legte dann seine Hand auf meinen Oberschenkel.
«Darf ich Sie dabei begleiten?»

Person 2
Mein Mut wurde belohnt. Die Frau schaute mich lächelnd an. «Warum nicht?», antwortet sie schließlich.
Die Haut ihres Oberschenkels fühlte sich warm und fest an, und mutig schob ich meine Hand unter ihr Kleid.
«Ich habe mal von einem Abenteuer gehört, das mit einem Blowjob in einem Aufzug begann. Meinen Sie, das wäre ein guter Einstieg?»
Ohne ihre Antwort abzuwarten, stand ich auf und ging Richtung Aufzug. Ob sie mir folgen würde?

So, hier endet MEINE Geschichte, und eure könnte erst richtig losgehen.
Die Idee dahinter ist es, dass nun beide ihre Fantasien und Wünsche in diese Geschichte einbringen können. Vielleicht wollte er schon immer mal ans Bett gefesselt werden und hat sich nicht getraut, das anzusprechen? Hier kann er das nun spielerisch tun.

Am besten schreibt ihr diese Geschichte in einem Messenger, so kann man sich ungestört seinen Gedanken hingeben, und das Gegenüber bekommt immer wieder mal einen kleinen Fantasieschub.
Am einfachsten ist es, wenn ihr dafür eine Gruppe erstellt, in der nur diese Geschichte geschrieben wird. So wird der Lesefluss nicht durch Einkaufszettel und Alltagsinfos gestört.

#32 DER GUTSCHEIN

EGAL

Keine

Vielleicht geht es euch wie mir, und ihr tut euch schwer, eurem Liebsten etwas Schönes zum Geburtstag oder Weihnachten zu schenken. Wie wäre es denn mit einem erotischen Gutschein?

Nun gibt es mehrere Möglichkeiten, dies umzusetzen:

1. Der Schenkende schreibt, was gegen den Gutschein eingetauscht werden kann.
2. Der Beschenkte darf frei bestimmen, was geschehen soll.
3. Der Beschenkte darf frei bestimmen, aber es gibt ein paar Tabus.

Bei Nummer eins hat der Schenkende die Möglichkeit, einen Gutschein zu formulieren, vom dem er ausgeht, dass es den Beschenkten freuen würde. Vielleicht wollte er schon immer mal in den Swingerclub oder wünscht sich eine besondere Praktik?
Nummer zwei ist sicherlich der interessanteste Gutschein, wenngleich er auch etwas heikel ist. Was würde passieren, wenn sein Wunsch etwas ist, das du nicht tun willst?
Daher gibt es auch die Nummer drei. Hier kann der Schenkende Ausnahmen formulieren (zum Beispiel keine dritte Person, kein Analverkehr).
Nachfolgend ein kurzes Beispiel:

GUTSCHEIN
Hallo mein Schatz, zu deinem Geburtstag möchte ich dir etwas Besonderes schenken – nämlich mich!

Stell dir vor, du dürftest eine Stunde frei entscheiden, wie unser Sex auszusehen hat.
Voilà, hier ist die einmalige Möglichkeit dazu.
Du darfst bestimmen, wo das Ganze passiert, was ich dabei tragen muss und wie der Sex abzulaufen hat. Ich werde deiner Lust gehorsam dienen.
Es gibt nur zwei Ausnahmen:

1. *Keine weiteren Personen werden eingebunden.*
2. *Es findet nicht im Ehebett meiner Eltern statt.*

Nun hast du die Wahl!
Dein Herzchen

#33 DER VERFOLGER

Reizwäsche

Dieses Rollenspiel ist vor allen Dingen für Paare gut geeignet. Im nachfolgenden Beispiel verfolgt ein Mann seine Frau über mehrere Stunden hinweg. Das geht natürlich auch anders herum. Das Ziel ist, dass die Frau einen erotischen Abend verbringt und so tut, als gäbe es ihren Mann nicht. Daher darf auch kein Wort zwischen den beiden gesprochen werden.

Beispielhafter Ablauf

- Der Abend beginnt mit einer gründlichen Körperreinigung, also duschen, intim rasieren und so weiter vor den Augen des Partners.

- Die Frau zieht sich sehr sexy an.
- Sie verlässt das Haus, und der Mann folgt ihr mit einigen Metern Abstand.
- Die Frau geht in ein Kaufhaus und probiert Reizwäsche an. Sie lässt den Vorhang der Umkleidekabine etwas offen stehen, sodass ihr Mann und eventuell auch andere hineinschauen können.
- Die nächste Station ist eine Bar. Ihr Mann setzt sich etwas entfernt hin und beobachtet sie. Wird sie angesprochen? Rutscht ihr Rock noch etwas höher?
- Die Frau zieht ihren Slip aus und geht auf die Toilette. Beim Vorbeigehen legt sie den Slip vor ihrem Partner auf den Tresen. Oder ist sie mutig und legt ihn bei einem anderen Mann ab?
- Sie unterhält sich. Eine Hand wandert auf ihren Schenkel. Schiebt sie die Hand noch etwas höher? Nimmt sie den Mann mit nach Hause? Oder machen die beiden einen Spaziergang durch den Park?
- An einer Imbissbude schauen gierige Männeraugen auf sie, während sie eine Wurst verspeist.
- Noch ein Besuch im Swingerclub?
- Die Frau verschwindet an eine uneinsichtige Stelle und befriedigt sich selbst.
- Und und und ...

Der Mann verfolgt seine Frau in diesem Fall also den ganzen Abend, ohne einzugreifen oder mit ihr zu reden.

#34 DER HOCHSITZ

Smartphone mit Ortungsapp, Fernglas, Hochsitz

Auf dem Tisch liegt ein Briefumschlag, und die Person öffnet ihn. Darin sind eine Augenbinde, eine Kleidervorschrift (nur ein kurzes Kleid) sowie Koordinaten eines Treffpunkts. So beginnt dieses Rollenspiel. Die Koordinaten lotsen die Person an einen einsamen Ort, wie zum Beispiel in der Nähe zu einem Hochsitz.
Was passiert nun?

Beispiele

- Die Person bekommt eine Nachricht auf das Smartphone, dass sie sich zu entkleiden hat. Durch das Fernglas kann man das gut beobachten.
- Dann soll sich die Person eine Augenbinde umlegen (würde ich immer machen lassen).
- Eine fremde Telefonnummer anrufen, um weitere Anweisungen zu erhalten.
- Ein weiterer Brief mit Anweisungen liegt unter einem Stein versteckt bereit.
- Ein Fremder (hatte sich vorher in der Nähe versteckt) spricht die Person an: «Dein Partner schickt mich ...»
- Sie muss nackt Sportübungen machen.
- Sie muss ihren Körper präsentieren:
  - Arme in den Nacken, Beine breit
  - auf den Rücken legen, Beine spreizen
  - auf alle viere, Arsch raus
- Sie muss sich selbst befriedigen.

Am Ende muss sie sich wieder anziehen und nach Hause gehen, oder sie darf zum Hochsitz kommen ... Dabei sollte man aber auch immer die Umgebung im Auge behalten, nicht dass eine Gruppe Spaziergänger in euer Spiel platzt.

Risiken: **Erregung öffentlichen Ärgernisses**

#35 DER FREMDENFÜHRER

Keine

Dieses Rollenspiel ist gut für Paare geeignet, die sich gern zuschauen lassen oder die andere in ihre Erotik einbinden.
Sommerzeit ist Urlaubszeit, und wenn man eine schöne Stadt besucht, benötigt man einen Fremdenführer. Diesen findet ihr erneut in Erotikforen oder per Kontaktanzeige.
Hier der Text:

Erotischer Fremdenführer (m/w) gesucht
Am 24.6. besuchen wir das schöne Berlin und suchen dafür einen Fremdenführer. Deine Aufgabe wäre es, uns einen Tag durch die Stadt zu fahren beziehungsweise zu begleiten und uns alle Highlights zu zeigen. Du solltest dich also wirklich gut auskennen!
Als Gegenleistung lassen wir dich an unserem Sexualleben teilnehmen – Details dazu im privaten Austausch.
Zu uns: (Hier nun kurz euer Aussehen/Alter und so weiter beschreiben.)
Zu dir: (Hier nun kurz das gewünschte Aussehen/Alter des Fremdenführers beschreiben.)

Nachdem ihr nun hoffentlich einige Bewerbungen erhalten habt, kann es losgehen.
Zuerst einmal sollte euch der/die Fremdenführer/in die Eckpunkte der Führung mitteilen. Hierzu benötigt er sicherlich eure Hilfe. Wollt ihr Museen anschauen, gut essen, etwas erleben, Besichtigungen machen, Clubbesuche, Theater oder einen Swingerclub besuchen? Nachdem das Programm abgestimmt ist, kann der Urlaub kommen.
Hier nun beispielhaft die Möglichkeiten, um ein solches Spiel auszugestalten. Als Beispiel habe ich nun einen männlichen Fremdenführer gewählt:

- Der Fremdenführer holt euch vom Flughafen oder Bahnhof ab und bringt euch ins Hotel. Das ist die Kennenlernphase.
- Im Hotel kann man sich zuerst einmal frisch machen und den Fremdenführer dezent beim Umziehen oder Duschen zuschauen lassen. Vielleicht ist er ja auch beim Anziehen behilflich oder darf zwischen verschiedenen Outfits auswählen.
- Im Aufzug könnte man dem Fremdenführer auch einen intimen Blick gönnen, oder eure Sie greift ihm beherzt zwischen die Beine. Oder er darf ihren Po fest in seine Hände nehmen.
- Nun kutschiert er euch durch die Stadt. Ihr sitzt hinten, und macht es euch gemütlich. Im Rückspiegel kann der Fremdenführer beobachten, was ihr macht. Spreizt eure Sie ihre Beine (sie trägt keinen Slip)? Oder ihre Brüste werden entblößt? Sie gibt ihrem Partner einen Blowjob? Der Fremdenführer hat euch währenddessen nun die Stadt zu zeigen und alles zu erklären.
- Beim nächsten Stopp sitzt eure Sie nun vorne, schiebt ihren Rock hoch und legt die Hand des Fremdenführers auf ihren Schenkel.
- Ihr geht in einem Kaufhaus shoppen, und der Fremdenführer darf in die Umkleidekabine schauen, während eure Sie Kleider anprobiert.

- Ihr fahrt mit der U-Bahn. Der Fremdenführer sitzt eurer Sie gegenüber, und sie gönnt ihm einen Blick zwischen die geöffneten Beine.
- Bei einem gemeinsamen Essen darf er ihr unter den Rock greifen.
- Ihr sucht euch eine schwer einsehbare Stelle (Tiefgarage, Seitengasse), und eure Sie entblößt sich vor dem Fremdenführer oder wird kurz mit der Hand befriedigt. Der Fremdenführer darf zusehen (oder auch mitmachen).
- In der Dunkelheit einer Theatervorstellung gibt es auch Möglichkeiten, den Fremdenführer einzubinden. Vielleicht darf er an den feuchten Fingern der Dame lecken oder riechen?
- Es gibt fernsteuerbare Vibratoren. Wäre es nicht lustig, dem Fremdenführer die Gewalt über das Wann und Wie zu geben? Ein netter Spaziergang wird da doch gleich viel spannender.
- Die Dame soll nun einen Analplug tragen. Der Fremdenführer kennt sicherlich eine geschützte Stelle, an der man ihn der Dame diskret einsetzen kann.

So geht es den ganzen Tag von Sehenswürdigkeit zu Sehenswürdigkeit. Auf diese Art und Weise lernt man eine Stadt einmal ganz anders kennen. Ob ihr den Fremdenführer am Ende des Tages mit hoch auf euer Hotelzimmer nehmt, bleibt dann natürlich euch überlassen.

#36 DAS DUNKELRESTAURANT

Keine

In vielen Städten gibt es mittlerweile sogenannte Dunkelrestaurants. In diesen isst man bei völliger Dunkelheit und wird von Blinden bedient. Durch die Dunkelheit riecht und schmeckt man deutlich besser.
So ein Ort ist auch ein toller Platz, um sich erotisch etwas auszuleben. Wie so oft sollte man dabei die Unterwäsche weglassen. Da niemand sehen kann, was ihr macht, könnt ihr euch hemmungslos ausleben. Allerdings solltet ihr nicht zu laut werden.

Hier eine Auflistung von Möglichkeiten:

- Handjob
- Blowjob (wenn man den Platz dazu hat)
- abgreifen, fingern
- Brüste entblößen
- Klammern an Brustwarzen setzen
- Fernsteuerbaren Vibrator einsetzen
- Fußerotik

VIRTUELLE SZENARIEN

Unter virtuellen Szenarien verstehe ich Spiele, bei denen es eine räumliche Entfernung zwischen den handelnden Personen gibt und technische Hilfsmittel eingesetzt werden. Heutzutage ist es ein Leichtes, über Mobiltelefone, Webcams, Computer (E-Mail), Messengerdienste, Webseiten und Fotoapparate spannende, erotische Spiele zu realisieren.
Einige von diesen Spielen können auch so weit ausgebaut werden, dass man komplette Webseiten erstellt, um eine Art virtuelle Welt aufzubauen.
Aus dieser Rubrik habe ich bewusst Telefonsex und Chats weggelassen, da dies ja mittlerweile zum Standard gehört.

#37 DAS LABYRINTH

0-99

Keine

Bei diesem Szenario geht es darum, die Person durch eine Art virtuelles Labyrinth zu schicken. Das Labyrinth hat drei (virtuelle) Türen. Auf der linken Tür steht «Pein», auf der mittleren «Lust» und auf der rechten «Leid». Nun muss sich die Person entscheiden, durch welche Tür sie gehen will.
Hinter «Lust» erwartet sie ein lustvolles Erlebnis, hinter «Leid» ein demütigendes und hinter «Pein» ein schmerzvolles.
Nach der Wahl wird der Person die Aufgabe beziehungsweise Strafe mitgeteilt. Die Person muss die Aufgabe erfüllen und einen Fotobeweis zusenden. Danach hat die Person wieder die Wahl:

Lust, Leid, Pein?
Nachfolgend die Spielregeln für die Person, die durch das Labyrinth geht:

Spielregeln

Du bist neugierig, hast Mut und bist bereit, dich auf ein besonderes Spiel einzulassen?
Nun gut, ich werde dir erotische Aufgaben stellen.
Du selbst kennst immer nur die Aufgabe, die du als Nächstes erfüllen musst.
Die Aufgaben werden immer herausfordernder ... Sie werden dich vielleicht auch an deine Grenzen bringen.
Vielleicht brichst du das Ganze vorzeitig ab. Vielleicht gehst du den Weg aber auch bis zum Schluss.
Was erwartet dich dann?
Nichts, denn der Weg durch das Labyrinth der Aufgaben ist das Ziel.

Was benötigst du?

Eine Digitalkamera, eine Webcam, einen PC, ein Smartphone und gegebenenfalls einen Vertrauten, der dir bei manchen Aufgaben als Hilfe, Fahrer und Fotograf zur Seite steht.

Der Ablauf

Als Erstes benötige ich eine Auflistung deiner «Geht gar nicht», «Geht vielleicht» und «Geht auf alle Fälle». Hierfür gibt es eine vorgefertigte Liste (siehe Neigungsbogen), die du mir ausfüllst.

Die Aufgaben

Je nachdem, welche Tür du auswählst, gebe ich dir eine entsprechende Aufgabe. Sie warten bereits hinter der Tür auf dich.
Nachdem du die Aufgabe erfüllt hast, kannst du dich wieder entscheiden, durch welche Tür du weitergehen willst. Als Beweis, dass du die Aufgabe erfüllt hast, machst du ein oder mehrere Fotos davon und

schreibst einen kurzen Erfahrungsbericht. Diesen sendest du mir zu. Danach stelle ich dir die nächste Aufgabe, nachdem du die nächste Türe gewählt hast.

Nachfolgend nun eine Auswahl von Aufgaben, die man der Person stellen kann. Sie stammen zu großen Teilen aus Band eins und Band zwei dieser Serie:

Lust

- Gurke vaginal oder Karotte anal einführen.
- Masturbationsfantasie aufschreiben.
- Bild der nackten Scham zusenden lassen.
- Ingwer schälen und anal/vaginal für drei Minuten einführen.
- Zehn Vorschläge machen lassen, was sie sich anal/rektal einführen kann. Der Aufgabensteller wählt eines aus und erhält ein Beweisfoto.
- Schreibe einen Liebesbrief, beschreibe. wie toll ich bin.
- Kitzler/Penisspitze mit Edding anmalen und dann masturbieren.
- Beschreibe dein aufregendstes Sexabenteuer.
- Beschreibe dein peinlichstes Sexabenteuer.
- Schildere uns deine krasseste Fantasie.
- Zahnpasta auf Kitzler schmieren und mehrere Fotos machen.
- Präsentiere dein nuttigstes Outfit.
- Namen des Aufgabenstellers mit Edding auf Scham schreiben.
- Stuhlbein vaginal/anal einführen, Stuhl umdrehen und draufsetzen.
- Erogene Zonen mit Edding markieren.
- Ins Pornokino gehen und eine Rezension schreiben.
- Ein Kunstwerk nackt nachstellen.
- Liste aller Liebhaber aufschreiben.

Leid

- Einen Maiskolben einführen, danach essen.
- Die Person muss während der Arbeit auf die Toilette gehen und ein Foto machen, wie sie pinkelt.
- Den eigenen Fuß lecken.
- In der Umkleidekabine sexy Wäsche anprobieren und Fotos davon versenden.
- Nacktbild nachts an einem Waldparkplatz.
- Slipless shoppen gehen und in der Öffentlichkeit unter den Rock knipsen.
- Mit Analplug Sport treiben oder ausgehen.
- Oben-ohne-Foto in einem öffentlichen Passautomat.
- Foto mit Dildo im Mund.
- Bügeln in Reizwäsche.
- Nackt Seilhüpfen, mehrere Fotos.
- Bild mit Schnecke auf Brust oder Schamhügel machen.
- 30 Namen für deine Scham/Penis erfinden.
- Namen des Aufgabenstellers mit Edding auf Scham schreiben.
- Nacktbild im Schnee.
- Outdoor pinkeln.
- Tiefe der Vagina mit einem Lineal vermessen.
- In einem Restaurant den Slip neben den Teller legen.

Pein

- Schlafentzug mit SMS-Kontrolle. Die Person muss alle dreißig Minuten eine SMS schicken, bis die Sonne aufgeht.
- Sechs Klammern an Scham/Hoden befestigen.
- Klammern an Brustwarzen befestigen.
- Eiswürfel anal/vaginal einführen.
- Brüste mit Kabelbinder abbinden.
- Wachsabdruck der Scham machen.
- Wäscheklammer an Zunge befestigen.
- Auf Kronkorken setzen (drei Minuten) und Abdrücke

fotografieren.
- Brustwarzen selbst mit Wachs beträufeln.
- Klebeband auf das Geschlechtsteil drücken und abziehen.

Dieses Spiel kann man natürlich einfach so per Mail oder Webcam spielen oder aber man programmiert sich eine Webseite dafür, auf der es anklickbare Türen gibt, die über Passwörter gesteuert sind. Natürlich ist es auch möglich, dieses Spiel Aug in Aug zu spielen, um den Alltag etwas aufzupeppen.

Kommen wir nun zu einer Erweiterung dieses Spiels.

#38 WHAT COMES NEXT

0-99

Keine

Dieses Szenario ermöglicht die gleichen Aufgaben und Strafen wie «Das Labyrinth», nur werden hier mehrere Mitspieler aktiv mit eingebunden.
Dieses Spiel basiert auf dem Roman «Der Professor» von John Katzenbach, der im Original «What Comes Next» heißt.

Zum Inhalt des Buches
Eine junge Frau wird entführt und in einem Keller gefangen gehalten. Dort wird sie rund um die Uhr von Kameras gefilmt, die einen Live-Stream ins Internet senden. Auf einer Homepage können zahlende Kunden beobachten, was mit der jungen Frau geschieht. Und mehr noch – sie können auch Regieanweisungen geben.

Sie wird gequält, vergewaltigt und gedemütigt ... und am Ende steht immer der Tod des Opfers.

Wir spielen natürlich eine abgewandelte Version. Das «Opfer» ist im Idealfall eine submissive und masochistisch veranlagte Person. Alle Beteiligten müssen ihr freies Einverständnis erteilen, um mitzuspielen.
Die Mitspieler können per Mail, Telefon oder Videokonferenz direkte Anweisungen für sie geben. Die Person wird die Anweisungen ausführen und allen Mitspielern ein Beweisfoto zusenden, gegebenenfalls erweitert durch einen Erfahrungsbericht.
Natürlich kann auch der Organisator des Spiels Praktiken im Auftrag der Mitspieler ausführen.

Zu den Möglichkeiten
Alle Aufgaben sollen sechs Kriterien entsprechen:
1. Sie müssen realistisch machbar und nicht zu kompliziert sein.
2. Sie dürfen der Gesundheit und Sicherheit nicht schaden.
3. Sie müssen legal sein.
4. Sie dürfen kein öffentliches Ärgernis erregen.
5. Sie dürfen keine Tabus berühren.
6. Sie mussen naturlich auch mittels Beweisfoto nachweisbar sein.

Die Aufgaben können also von demütigenden Anweisungen und erotischen Handlungen bis hin zu schmerzhaften Strafen gehen. Je nach Aufgabe dauert es zwischen einem und mehreren Tagen, bis die Fotos entstanden sind. Das Spiel wird so lange dauern, wie euch interessante Aufgaben einfallen.
Natürlich kann man auch einfach einen bestimmten Zeitraum veranschlagen, in dem das Ganze abläuft.
Beide Spiele können interessanter gestaltet werden, indem man

dafür eine Homepage aufbaut, auf der die Bilder gepostet und kommentiert werden können. Zugangsdaten stellen sicher, dass nur Eingeweihte Zugang zu diesem Bereich haben.

#39 24 STUNDEN

Keine

Dieses Spiel ist eine weitere Abwandlung der beiden vorherigen. Wie der Name schon sagt, geht es um ein Szenario, das 24 Stunden andauert. Hierfür muss die Person 24 Stunden ungestörte Zeit haben. Aber auch die führende Person beziehungsweise Personen müssen diese Zeit mitbringen, und es muss alles gut vorbereitet werden.
Die Person wird angewiesen, einen ganz normalen Tag zu verleben, der nun aber regelmäßig durch Aufgaben unterbrochen wird. Es kann zum Beispiel schon am frühen Morgen mit einem Weckanruf beginnen. Dieser Weckanruf ist der Start für die 24 Stunden.
Im Vorfeld müssen sowohl der Ablauf als auch die Aufgaben vom «Spielleiter» gut durchgeplant werden. Idealerweise erstellt man sich einen kompletten Plan, in dem Aufgaben und Uhrzeit eingetragen werden. Achtet darauf, dass die Person auch ab und an etwas Ruhezeit bekommt.

Beispielablauf

6:00 Weckanruf, Selbstbefriedigung vor einer Cam.
6:30 Frühstück vom Boden.
7:00 Körperpflege, Zahnpasta auf Kitzler schmieren und

Beweisfoto versenden.

7:30 Aufreizend gekleidet beim Bäcker einkaufen gehen – bitte nicht in der Stammbäckerei.

7:50 Einkaufen ohne Slip mit Beweisfoto unter den Rock (Maiskolben einkaufen).

9:00 Ein Mitspieler kommt zu einem «Guten-Morgen-Blowjob» vorbei.

10:00 Besuch einer Sauna, bei der sie sich permanent mit gespreizten Beinen hinsetzen muss. Ein (eventuell unbekannter) Mitspieler achtet darauf, dass die Anweisung erfüllt wird.

12:00 Mittagessen gehen, der Slip liegt auf dem Tisch.

12:45 Besuch der Toilette und Versenden eines «Pinkelfotos».

13:00 Heimfahrt mit einer entblößten Brust.

13:15 Stopp auf einem Rastplatz mit einem kleinen Masturbationsvideo.

14:00 Mittagsruhe.

15:00 Maiskolben kochen und in kaltem Wasser abkühlen lassen.

15:00 Vaginales/anales Einführen verschiedener Gegenstände wie Bierflasche, Flaschenöffner und so weiter.

15:15 Vaginales Einführen des Maiskolbens mit anschließendem Verzehr.

16:00 Strip vor der Cam.

17:00 Zubereitung des Abendessens (in Reizwäsche).

18:00 Abendessen mit dem Spielleiter.

18:45 Sex mit dem Spielleiter.

20:00 Besuch eines Pornokinos.

22:00 Einen Fremden aufreißen und mit nach Hause nehmen, Sex. Sich dabei mit dem eigenen Mobiltelefon fotografieren lassen.

24:00 Den Fremden heimschicken und duschen.

01:00 Nun geht es in die Disco, ohne Slip, ohne BH. Der Spielleiter beobachtet, wie die Person sich einer anderen nähert und versucht, sie zu verführen. Heftiges Rumknutschen/Fummeln in

einer Ecke.
03:00 Heimfahrt und «Gute-Nacht-Blowjob» mit kleiner BDSM-Session.
06:00 Ende der 24 Stunden.

Dieser Ablauf ist natürlich nur ein Beispiel und kann beliebig abgewandelt werden

Erweiterung 1: Mehrere Mitspieler

Natürlich kann man auch beliebig Mitspieler aktiv einbinden

Erweiterung 2: Webseite

Es gibt eine Möglichkeit, das ganze Spiel noch interessanter zu gestalten, und zwar durch die Programmierung einer Homepage (zum Beispiel mit Wordpress). Hier kann man Content nur für eine gewisse Zeit automatisch sichtbar machen (Timed Content). Die Person muss dann unbedingt pünktlich auf diese Webseite schauen und die nächste Aufgabe ansehen. Alternativ kann man der Person aber auch einfach ein Passwort für die nächste Seite geben, sobald sie die Aufgabe erfüllt hat.
Natürlich kann dieses Spiel auch völlig unabhängig vom Spielleiter gespielt werden. Dann muss die Person zu bestimmten Zeiten einfach die Beweisfotos der verschiedenen Aufgaben schicken. Das macht es für den Spielleiter entspannter, da er dann schlafen gehen kann und das Spiel trotzdem weiterläuft.

FINANZIELLE SZENARIEN

Unter finanziellen Szenarien verstehe ich Spiele, bei denen auch Geld eine Rolle spielt (zusätzlicher Kick), wobei das aber nicht unbedingt der Fokus ist.
Viele Frauen träumen zum Beispiel davon, einmal anschaffen zu gehen oder als Escort-Dame zu arbeiten. Dieses Szenario möchte ich hier allerdings nicht beschreiben, sondern Abwandlungen davon, die nicht unbedingt herkömmlichen Sex beinhalten.
Bei all diesen Szenarien kann man Kontaktanzeigen oder Anzeigen in entsprechenden Foren aufgeben, um potentielle «Kunden» zu finden.
Bitte beachtet, dass ich euch nicht dazu auffordere, euch zu prostituieren, sondern dass dies ein Rollenspiel für einen einmaligen Kick sein soll. Das Geld sollte wirklich nicht im Vordergrund stehen. Vielleicht spendet ihr es sogar für einen guten Zweck.

#40 NACKTPUTZEN/ HAUSMÄDCHEN/HAUSBOY

Reizwäsche

Bei diesem Rollenspiel wird ebenfalls eine Kontaktanzeige aufgegeben. Hierin bietet man sich als Nacktputzer oder Hausmädchen an. Es geht nicht unbedingt um Sex, sondern eher darum, den eigenen Exhibitionismus zu befriedigen. Der eigene Partner kann eventuell als zusätzlicher Kick und zur Sicherheit mit dabei sein. Frauen können hierfür sicherlich sogar ein großzügiges Taschengeld verlangen. Alternativ kann man das auch in den eigenen vier Wänden machen, und der Partner schlüpft in diese Rolle. Ist der eigene Freundeskreis eingeweiht, bietet auch das die Möglichkeit, dieses Rollenspiel durchzuführen.

Beispiele:
- nackt kochen und bedienen
- oben ohne den Abend verbringen
- nackt putzen
- einen ganzen Abend nackt unter Angezogenen verbringen

Ganz klassisch kann eine Dame dann auch ein neckisches Hausmädchenkostüm tragen, das mehr enthüllt als verdeckt.

Hier ein Beispieltext für die Anzeige:
Lust auf besondere erotische Gesellschaft zu Hause? Ich besuche dich und verrichte nackt oder in aufregenden Dessous Haushaltsarbeiten nach Wunsch. Du darfst es dir bequem machen, während ich mit aufreizenden Bewegungen für Ordnung sorge.
Oder wir unterhalten uns, während ich nackt bei dir sitze und dich bediene.
Ich biete keine sexuellen Dienstleistungen an und bin nicht berührbar, du darfst aber gern an dich selbst Hand anlegen!
Meine Mindestbuchungsdauer beträgt zwei Stunden.
Ich freue mich auf dich und deine Wünsche, alles Weitere per privater Mail.

Deine Nina

#41 REALE VERSTEIGERUNG

Keine

Dies ist eine Fantasie, die viele Menschen interessant finden: die Versteigerung.
Zum einen benötigt ihr ein Hotelzimmer oder Ähnliches. Dann sucht ihr über das Internet potentielle Bieter. Die Teilnahme an der Versteigerung sollte dabei auch schon etwas Geld kosten, damit man reine Voyeure von vornherein ausschließt und es keine Spaßbesucher gibt.
Um das Szenario zu erläutern, findet ihr nachfolgend den Text für die Kontaktanzeige:

Versteigerung der Dame
Unsere Sie sucht den besonderen Kick und möchte sich meistbietend versteigern.
Wie läuft das Ganze ab?
Zu einem festgelegten Termin finden sich alle Bieter (maximal fünf) in einem Hotelzimmer ein.
Unsere Dame wartet dort bereits in Dessous und Heels, damit die Herren auch sehen, was es zu ersteigern gibt. Jeder Bieter darf sich von der Festigkeit ihres Pos und ihrer Brüste kurz selbst überzeugen und auch einen Blick auf ihr «bestes Stück» werfen.
Für die Teilnahme an der Begutachtung ist ein Obolus von 30 Euro zu entrichten, die später einem guten Zweck gespendet werden.
Danach beginnt die Versteigerung in 10-Euro-Schritten.
Der Bieter mit dem höchsten Gebot darf die Dame nun eine Stunde für sich allein haben.

Die anderen Bieter müssen dann leider wieder gehen.
Es wird nur Bargeld akzeptiert.

Zum Ablauf

Zum Termin werden alle ausgewählten Bieter über den Ort des Geschehens informiert. Ihr solltet dabei bedenken, dass es immer welche geben wird, die nicht kommen. Ladet also wenn möglich zwei Personen mehr ein. Die Person wartet bereits entsprechend gekleidet im Badezimmer. Sobald alle Bieter da sind, beginnt das Rollenspiel. Zuerst werden die 30 Euro einkassiert und die Regeln erklärt.

Diese wären:

- Das Mindestgebot liegt bei 50 Euro – nicht zu hoch einsteigen, weil sonst die Versteigerung in zehn Sekunden vorbei ist.
- Der Bieter mit dem höchsten Gebot erhält den Zuschlag.
- Der Gewinner hat dann eine Stunde Zeit mit der Dame.
- Tabus werden erläutert.
- Alles läuft safe ab.
- Sofortige Barzahlung nach Zuschlag.

Nun beginnt die kurze Begutachtung der Dame. Jeder Bieter darf den Po und die Brüste der Dame abtasten. Die Dame hat sich zu zeigen und auch ihre Pussy zu präsentieren.
Der «Auktionator» ruft nun das Mindestgebot auf. Geboten wird mit Handzeichen.
«Bietet jemand die 60? – Bietet jemand die 70?» Und so weiter.
Irgendwann steigen immer mehr Bieter aus.
Der Bieter mit dem höchsten Gebot bekommt nach dreimaligem Aufruf den Zuschlag.
«120 zum Ersten. 120 zum Zweiten. 120 zum Dritten – verkauft an den Herrn hier.»

Nun müssen die anderen Bieter das Zimmer verlassen, und die Stunde mit dem Ersteigerungsobjekt beginnt ...

Risiken: **emotionaler Absturz**

#42 LOOK AT ME NAKED

Reizwäsche

Auch hier findet man seine Kunden einfach im Internet. Das Angebot lautet wie folgt:

Du wolltest schon immer wissen, wie es sich Frauen unter der Bettdecke selbst machen?
Du möchtest sehen, wie sich eine Frau mit dem Duschkopf oder einem Vibrator befriedigt?
Du möchtest sehen, wie ich immer wieder und wieder komme?
Du willst sehen, wie ich mich langsam entkleide und mich dir schamlos zeige?
Dann bist du bei mir richtig!
Ich biete keine sexuellen Dienstleistungen an und bin nicht berührbar, du darfst aber gern selbst Hand an dich legen!
Meine Mindestbuchungsdauer beträgt eine Stunde und der Stundenlohn 75 Euro.
Du solltest besuchbar sein oder ein Hotelzimmer buchen.
Mein Partner wird im Hintergrund dabei sein, uns aber nicht stören.
Ich freue mich auf dich und deine Wünsche, alles Weitere per privater Mail.

Nun kann man sich eine passende Person aus den Bewerbungen aussuchen.
Im Vorfeld kann der Kunde gern auch eigene Ideen einbringen.

Risiken: **Übergriffe der Kunden**

#43 DIE UNBERÜHRBARE

Diverse

Ein weiteres finanzielles Szenario ist es, die unberührbare Domina zu geben.
Unberührbar bedeutet, dass sie weder Verkehr ausübt noch sich irgendwie intim berühren lässt.
Trotzdem gibt es zahlreiche Männer, die diese Spielart mögen und gern dafür bezahlen.

Was benötigt ihr dazu?

- Reizwäsche
- Heels oder Stiefel
- Massageöl
- Peitsche
- Augenbinde
- getragener Slip oder Socken
- Wäscheklammern
- Kerzen (für Wachsspiele)
- Latexhandschuhe
- Lederhandschuhe
- Erdnüsse

Zur Vorbereitung zieht ihr euch elegant an: etwas stärker geschminkt, ein klassisches Outfit, Heels oder Stiefel ...
Manche fragen sich, wie man einen interessanten Abend – im Normalfall ein bis zwei Stunden – gestalten kann, wenn keine sexuellen Praktiken stattfinden?
Die Unberührbare spricht gerade devote Menschen sehr an, die sich gern für eine bestimmte Zeit unter die Herrschaft einer Dame oder eines Herrn begeben.
Wie kann so etwas ablaufen? Hier ein Beispiel:

Lass dir aus dem Mantel helfen.

- Der Sklave soll sich komplett entkleiden.
- Zur Begrüßung darf dir der Sklave die Schuhe küssen.
- Gib ihm eine Ohrfeige, während er vor dir kniet.
- Lass dir am Anfang erst einmal die Wohnung zeigen.
- Lass ihn die Klobrille mit einem Tuch reinigen und schicke ihn raus. Nachdem du fertig bist, darf er die Klobrille ablecken.
- Nun mustere ihn. Er soll sich langsam drehen. Wenn du willst, kannst du ihn auch schon mit der Gerte etwas schlagen. Anfassen musst du ihn nicht. Wenn du das trotzdem machen willst, ziehe die Latexhandschuhe an.
- Nun darf er seinen Schwanz steif wichsen, und du machst dich darüber lustig: zu klein, steht nicht richtig, zu dünn, wie willst du damit eine Frau befriedigen?
- Lass dir etwas zu trinken bringen.
- Zum Übergeben des Getränks muss er sich vor dich hinknien. Wenn er das nicht macht, bekommt er wieder eine Ohrfeige oder wird angespuckt.
- Verbinde ihm die Augen.
- Füße massieren, riechen, lecken.
- Tritt ihm leicht mit den Schuhen gegen die Hoden, während er vor dir kniet, oder spiele mit ihnen.

- Lass ihn zwischen deinen Beinen am Slip riechen, aber ohne dich zu berühren. Ansonsten gibt es wieder Ohrfeigen, oder er wird angespuckt.
- Lass ihn nackt Sportübungen machen.
- Er soll sich etwas aus der Küche in den Po stecken.
- Lass dir einen Kochlöffel geben, und schlag seinen Po, oder setze die Peitsche ein. Dabei soll er auf allen vieren vor dir knien.
- Leichte Schläge mit dem Kochlöffel auf den steifen Schwanz.
- Träufele ihm heißes Wachs auf den Schwanz, die Brust oder den Po.
- Ziehe dir Lederhandschuhe an, und ohrfeige ihn damit.
- Setze ein paar Wäscheklammern an die Hoden oder Brustwarzen.
- Vielleicht zeigst du ihm auch eine Brust oder lässt ihn deine Pussy sehen.
- Ziehe die Lederhandschuhe aus, und schlage ihn damit.
- Lass ihn an deinem Po riechen, behalte aber den Slip dabei an.
- Pupse ihm ins Gesicht.
- Bringe deine gewaschene Reizwäsche/Unterwäsche mit und lasse sie bügeln.
- Lass dir den Rücken massieren.
- Mach dich auch immer wieder über ihn lustig.
  - schlechte Figur
  - kleiner Schwanz
  - nutzlos
  - ein Stück Dreck, das nur dazu da ist, dir zu dienen
- Pinkle in eine Schale oder ein Glas, und lass ihn daraus trinken.
- Gib ihm Ohrfeigen mit dem Fuß. Du sitzt dabei auf einem Stuhl, und er kniet vor dir.
- Pinkle auf ein Tuch, und schmiere ihm den Urin ins Gesicht (Latexhandschuhe anziehen).

- Lass ihn seinen eigenen Socken apportieren, oder nimm einen benutzen Slip von dir mit. Daran kann er riechen und das Angetrocknete ablecken.
- Geh wieder pinkeln. Dann drückst du seinen Kopf ins Klo und spülst.
- Binde eine Schnur um seine Hoden, und führe ihn daran herum (Gassi gehen).
- Hänge ein Gewicht an seine Hoden (volle Wasserflasche), und weise ihn an, diese schwingen zu lassen.
- Benutzte ihn als Sitzbank, er auf allen vieren.
- Wirf Erdnüsse auf den Boden, und lasse sie ihn vom Boden essen.
- Schütte Wasser auf den Boden, und lasse es aufschlürfen.
- Setz dich mit deinem Po auf sein Gesicht, allerdings bist du dabei angezogen.
- Trampling: Trete ihn etwas, während er auf dem Boden liegt. Setze deinen Fuß auf seinen Hals, lass ihn wieder die Füße/Schuhe lecken, spiele mit deinen Füßen an seinen Hoden und seinem Schwanz. Tritt ihn in die Seiten und gegen die Oberschenkel, bohre deine Heels in seinen Bauch, die Brust oder Weichteile.
- Streichle dich selbst, und lasse ihn zusehen.
- Stecke dir einen Dildo hinein, und lasse ihn daran riechen und ihn ablecken. Alternativ machst du das mit deinen Fingern.
- Am Ende soll er sich selbst wichsen und den Sabber auflecken.

Wie ihr seht, gibt es zahlreiche Möglichkeiten. Natürlich könnt ihr das auch mit dem eigenen Partner spielen und ihn richtig heiß machen.

Da es als Paar schöner ist, wenn beide dabei sind, agiert der Partner als Helfer der «Unberührbaren».

#44 CHATURBATE

Webcam

Chaturbate ist eine Wortkreation aus Chatten und Masturbieren. Es bedeutet, dass man eine Art virtuelle Peepshow veranstaltet, die ins Internet gestreamt wird. Hierfür gibt es mittlerweile zahlreiche Anbieter, bei denen man sich als Frau, Mann, TS/TV oder Paar anmelden kann.
Die Technik einzurichten ist die erste große Hürde, geht aber in der Regel recht schnell. Als Anbieter dieser virtuellen Peepshow bekommt ihr sogar noch Geld. Was ihr dort anbietet, überlasse ich Euch.

Im Normalfall ist von Soft- bis Hardcore alles dabei.

- Wichsanleitung geben
- sich nackt präsentieren
- Sex vor der Kamera haben
- sich selbst vor der Kamera befriedigen
- Füße zeigen (für die Fußfetischisten)
- auf Anweisung der Zahler Dinge tun

Diese Anbieter ermöglichen es meist auch, «Privatshows» zu geben. Das hat den Vorteil, dass man im öffentlichen Bereich des Anbieters keine Dinge zeigt, die gegen einen verwendet werden können. Zudem sperren die Anbieter die Aufzeichnung und den Download des Livebilds. Und natürlich könnt ihr auch eine Maske tragen.
Bei diesen Anbietern sind teilweise hunderttausende User angemeldet – vielleicht ja auch euer Nachbar ...

Risiken: **Outing**

#45 BETTELN GEHEN IM SWINGERCLUB

ein Pappbecher, Schild

Nachfolgend nun ein kleines Spiel für den Besuch im Swingerclub. Der Person werden zunächst die Augen verbunden. Danach stellt sie sich bekleidet irgendwo in den Raum. Nun hängt man der Person ein Schild um den Hals, auf dem folgender Satz steht:

Ich muss mir hier ein Taschengeld erbetteln. Für einen Euro dürft ihr euch hemmungslos bedienen!

In einer Hand befindet sich der Pappbecher mit der Aufschrift «1-Euro-Bettelkasse».
In diesen Becher müssen die Anwesenden jedes Mal einen Euro werfen, wenn sie die Person bespielen wollen. Ihr könnt natürlich auch Gegenstände bereitlegen, die die Anwesenden verwenden dürfen. Hierzu eignen sich Federn, pieksende Nadelroller, Kerzen für Wachsspiele, Massageöl, Vibratoren.
Am besten macht ihr sogar eine kleine Preisliste:

Preisliste

- Schuhe ausziehen 1 Euro
- Kleid ausziehen 1 Euro
- BH öffnen 1 Euro
- Slip ausziehen 1 Euro
- zehn Sekunden Brüste abtasten 1 Euro
- Finger in Po stecken 1 Euro
- Pussy anfassen 1 Euro

- Kitzler reizen 1 Euro
- Vibrator für 30 Sekunden einsetzen 1 Euro
- Nadelroller für 20 Sekunden einsetzen 1 Euro
- zehn Wachstropfen auf Brust träufeln 1 Euro

Hinweis: Der eine Euro ist bewusst gewählt, da ansonsten der Swingerclub-Betreiber aufgrund des Prostitutionsverbots rasch einschreiten würde. Eventuell fragt ihr den Betreiber vorher, ob er euch das Spiel erlaubt.

#46 TWISTER

Twister-Matte, Post-it und Edding, Toys

Das Spiel funktioniert ähnlich wie das bekannte Familienspiel «Twister»: Zuerst müsst ihr euch eine Twister-Matte besorgen. Diese gibt es preiswert im Internet oder Spielehandel. Eine Twister-Matte hat vierundzwanzig Felder, die ihr nun beschriften müsst. Nehmt dazu am besten kleine Post-it-Zettel.
Auf dem Post-it steht eine Zahl von eins bis vierundzwanzig und das Bild eines Fußes, Knies oder einer Hand. Diese Zettel werden beliebig auf der Matte verteilt. Achtet dabei darauf, dass die aufeinanderfolgenden Zahlen ruhig etwas weiter voneinander entfernt sind. Nun ist alles vorbereitet, und das Spiel kann beginnen. Macht euch vorher gut warm, damit ihr euch nichts zerrt.
Person A muss nun alle Punkte in der richtigen Reihenfolge und mit den richtigen Gliedmaßen (Hand, Fuß, Knie «ablaufen». Dabei wird sie sich verrenken müssen, was ihre Geschlechtsteile schön

präsentiert. Die Person muss in jeder Position mindestens zwanzig Sekunden verharren. Person B hat nun das Recht, mit ihr zu machen, was sie will.
Schläge mit der Peitsche, das Setzen von Klammern, das Einfügen von Plugs, das Reizen mit der Hand oder einem Vibrator, ein Blowjob, Ficken – alles ist erlaubt.
Nach einer Weile wird gewechselt.

Risiken: **Zerrungen**

BDSM- UND FETISCH-SZENARIEN

#47 BDSM-PARTYS FOR BEGINNERS

Fetischkleidung

Für den Einstieg in die BDSM-Rollenspiele möchte ich mit dem Besuch einer BDSM-Party beginnen. Das ist eine völlig ungefährliche und spannende Sache und gibt euch die Möglichkeit, in diese fantastische Welt hineinzuschnuppern. Solche Partys gibt es in jeder größeren Stadt, und ihr werdet im Internet rasch fündig.

Was gilt es dabei zu beachten, und auf was müsst ihr euch einstellen?

Auf BDSM-Partys geht es ab und an recht zügellos zu. Daher werdet ihr sicherlich viel nackte Haut sehen. Da auf diesen Partys nicht nur getanzt, sondern auch «gespielt» wird, kann es dazu kommen, dass ihr Menschen beim Sex seht oder ihr Zeuge von Auspeitschungen, erotischen Spielen, Bi-Spielen und so weiter werdet. Also bitte nicht erschrecken!

Wenn euch der Anblick stört, geht einfach weiter. Und versucht nicht, irgendwelche Sklavinnen vor einem brutalen Kerl zu retten – die Damen und Herren machen das in der Regel freiwillig und genießen es.

Auch wenn das sehr zügellos wirkt, gelten dort einige Regeln: Beginnen wir mit dem Dresscode. Jeder Partyveranstalter wünscht, dass sich seine Gäste entsprechend der Party kleiden. In der Regel bedeutet das: LLL. LLL ist die Abkürzung für Lack, Leder, Latex. Manche Veranstalter akzeptieren auch das kleine Schwarze und Anzug. Nacktheit ist aber auch immer gern gesehen. Solche Bekleidung gibt es für wenig Geld im Internet oder einem Shop zu kaufen.

Normalerweise findet ihr alle wichtigen Angaben zur Kleiderordnung auf den Webseiten der Anbieter. Dort stehen in der Regel auch Hinweise zu den Verhaltensregeln. Trotzdem will ich kurz einige allgemeine Regeln auflisten:

- Haltet Abstand zu Menschen, die sich gerade in einer BDSM-Session befinden. Zuschauen ist erlaubt oder auch erwünscht, aber zu nah auf die Pelle rücken ziemt sich nicht.
- Nicht einfach mitspielen oder anfassen. Auch auf einer BDSM-Party gilt das Recht auf sexuelle Selbstbestimmung.
- Wenn sich ein Paar in einem intensiven Spiel befindet, sollte man sich nicht laut unterhalten und lachen. Geht dann einfach etwas zur Seite.
- Niemand zwingt euch, zuzuschauen. Wenn etwas passiert, das euch nicht gefällt, geht einfach woanders hin.
- Es herrscht absolutes Fotografierverbot!
- Auf solchen Partys befinden sich ganz normale Menschen, be handelt sie also auch so.
- Sollte euch jemand zu etwas Erotischem einladen, ist es kein Problem, höflich abzulehnen.
- Wollt ihr selbst etwas machen wollt und Mitspieler sucht, so sprecht sie einfach an, und unterhaltet euch über eure Wünsche und auch über eure Tabus.
- «Stopp!» bedeutet «Stopp!» und beendet sofort jede Aktion.
- Und es gilt das berühmte SSC – alles hat sicher, einvernehmlich und mit gesundem Menschenverstand zu geschehen (safe, sane, consensual).

Nun könnt ihr neugierig und gespannt in diese fantastische Welt hineinschnuppern. Natürlich könnt ihr einfach hingehen und die Stimmung in euch aufnehmen, etwas trinken und tanzen. So richtig spannend wird es, wenn ihr euch selbst etwas vornehmt. Gerade für Einsteiger kann dies unglaublich inspirierend sein.

Hier ein paar kleine Beispiele für Beginner:

- Ihr knutscht hemmungslos herum und begrabscht euch.
- Sie gibt ihm einen Blowjob.
- Er streichelt sie, bis sie kommt.
- Einer oder beide müssen sich teilweise entblößen.
- Ihr nehmt euch vor, mit einem Paar ins Gespräch zu kommen.
- Ihr sucht euch ein Paar und tauscht die Partner für Petting.
- Auf manchen Partys sind Fesselkünstler anwesend, und ihr vereinbart, dass sich einer fesseln lässt.

Was mache ich, wenn ich dort meinen Nachbarn treffe?
Ja, das kann passieren. Auch mir ist schon einmal ein Kollege über den Weg gelaufen. Eigentlich ist das gar nicht so schlimm, da er ja offensichtlich auch diese Neigung hat und daher nichts herausposaunen wird. Vielleicht sprecht ihr ihn ja sogar aktiv an.

«Hey, du auch hier? Das ist ja lustig.»

So ist das blöde Gefühl gleich weg.
In der Regel sind die Räumlichkeiten auch nicht so klein, und man kann sich gut aus dem Weg gehen. Vielleicht will man ja nicht, dass der Nachbar sieht, wie eure Sie nackt oder bei einem Blowjob aussieht.

#48 IN ABHÄNGIGKEIT

Keine

Dieses Rollenspiel ist sehr aufwendig für beide Seiten und muss gut vorbereitet sein.
Um was geht es?
Eine Person muss für einen bestimmten Zeitraum für alles um Erlaubnis fragen und dem Partner jedes Mal etwas dafür geben.

Beispiele

- Der Mann will auf die Toilette gehen? Dafür muss er der Dame zuerst die Füße massieren.
- Er will etwas trinken? Zuerst muss die Toilette gereinigt werden.
- Etwas essen? Erst müssen Füße geleckt werden.
- Duschen? Erst wird die Pussy der Dame geleckt.
- Mit einem Freund telefonieren? Erst ein paar Peitschenhiebe auf den Po.
- Einen Kumpel auf ein Bier treffen? Nur mit abgebundenen Hoden und einem Gewicht daran.
- Fußball schauen? Zuerst müssen Hausarbeiten erledigt werden – bis die gemacht sind, ist die erste Halbzeit schon fast vorbei.
- Er will ins Internet? Erst muss er sich vor dem Partner selbst befriedigen.

Das sind nur Beispiele. In diesem Fall sollte sich die Dame vorher aber eine lange Liste von Aufgaben aufschreiben, damit ihr die Ideen nicht ausgehen.
Und irgendwann tauscht man vielleicht auch die Rollen.

#49 VERSTEIGERUNG UNTER GLEICHGESINNTEN

Spielgeld aus einem Monopoly-Spiel

Hier geht es nun um eine Versteigerungsvariante unter Freunden und Gleichgesinnten. Obwohl es dazu schon öffentliche Events gibt, funktionieren Versteigerungen gegen echtes Geld auf öffentlichen Partys nicht wirklich gut. Die wenigsten sind bereit, eine größere Summe zu bezahlen, es sei denn, ein weibliches Topmodel wird zur Versteigerung angeboten. Hinzu kommt, dass gemischte Partys für Versteigerungen nicht gut geeignet sind und nur frustrierende Ersteigerungsergebnisse erzielt werden.
Daher benötigt man hierfür ein gutes Konzept und eine «Spielwährung», die das Versteigern spannend macht. Wir nennen sie hier beispielhaft «Eroseuro».

Wie kann so was nun funktionieren?

Als Erstes muss man geeignete Mitspieler finden. Das ist heutzutage in den bekannten Sexforen recht einfach. Man benötigt sicherlich zehn Paare, um einen spannenden Abend zu erleben.

Ablauf

1. Es werden entweder nur Frauen oder nur Männer versteigert.
2. Es haben nur Paare Zutritt, deren dominanter Part das Ganze etwas lenkt.
3. Jeder, der teilnimmt, sollte auch mitsteigern und versteigern wollen.

4. Zu Beginn des Abends gibt der «Besitzer» jedes «Versteigerungsobjekts» an, zu was sein «Versteigerungsobjekt» bereit ist. Das stellt zum einen sicher, dass die Tabus eingehalten werden, und zum anderen erhält der Eigentümer den Gegenwert dieser Möglichkeiten als Eroseuro ausbezahlt. Wer also viele Praktiken anbietet, bekommt im Gegenzug auch viel Spielgeld, um selber mitbieten zu können. Entsprechend kann man auch bei den Versteigerungen höher mitgehen. Es ist also ein Geben und Nehmen.

Eine Liste der Wertigkeit kann dabei wie folgt aussehen:

1.	Normaler Sex	10 Eroseuro
2.	lowjob	5 Eroseuro
3.	Fußmassage	3 Eroseuro
4.	Auspeitschung	18 Eroseuro
5.	Abgreifen lassen	4 Eroseuro
6.	Bi-Spiele	9 Eroseuro
7.	Analverkehr	15 Eroseuro

Jeder Versteigerer erhält also entsprechend seines eigenen Angebots Eroseuro ausbezahlt. Bietet sein Versteigerungsobjekt also einen Blowjob und Bi-Spiele an, erhält er für die Versteigerung 14 Eroseuro. Mit diesen kann der Besitzer dann andere «Versteigerungsobjekte» ersteigern. Der schöne Nebeneffekt ist, dass jeder, der mitsteigern will, auch etwas anbieten muss.
Was passiert, wenn jemand ein Objekt ersteigert und der Eigentümer oder das «Versteigerungsobjekt» den Bieter unsympathisch findet? Eine Möglichkeit ist, dass der Eigentümer während der Beschnupperungsphase entsprechende «Bietertafeln» verteilt. Nur wer eine solche farbig markierte Tafel besitzt, darf bei der entsprechenden Versteigerung mitbieten.

Die Versteigerung

Gehen wir nun einmal von neun Paaren aus, die sich an diesem Abend beteiligen. In diesem Falle würde ich die Versteigerung auf drei Zeitschlitze verteilen. In welcher Reihenfolge versteigert wird, bestimmt ein Los.

Im Vorfeld hat jedes Paar eine DIN-A4-Seite ausgefüllt, auf der steht, was mit der Person gemacht werden kann. Nun werden die ersten drei Personen angeboten.

Die Person muss sich auf ein Podest stellen und ihr Schild sichtbar hochheben. Nun beginnt das Bieten mit einem ersten Eroseuro. Da jeder nur eine begrenzte Anzahl zur Verfügung hat, beginnt nun sicherlich ein Taktieren. Niemand hat genügend Geld, um alles zu ersteigern. Wer am Anfang zu viel bietet, wird eventuell später kein Geld mehr besitzen.

Sobald der Zuschlag erteilt wurde, muss der Gewinner bezahlen und hat nun das Recht, dreißig Minuten lang über das Ersteigerungsobjekt zu verfügen.

Nachdem die ersten drei Objekte versteigert wurden, beginnt der Spaß. Nach dreißig Minuten folgt die zweite Runde und so weiter. Das Ganze dauert dann circa zwei bis drei Stunden.

Der Veranstalter sollte dabei etwas darauf achten, dass es immer Gebote gibt. Gegebenenfalls kann er selbst auch mal bieten, um zu verhindern, dass Objekte ohne Gebot wieder vom Podest steigen müssen.

#50 DIE BEICHTE

Strafbuch

Bei diesem Szenario geht es darum, kleine Alltagsvergehen erotisch zu «bestrafen». Das hat den Vorteil, dass man unverhofft die Möglichkeit bekommt, sich etwas für den Partner auszudenken. Am einfachsten ist es, wenn ihr euch ein kleines Büchlein kauft. Hier können alle Vergehen eingetragen werden. Darunter steht dann die Strafe und eventuell wird auch noch ein Erinnerungsfoto eingeklebt. Kategorisiert diese Strafen nach leichten, mittleren und schweren Vergehen.
Leichte Vergehen bedeuten, dass die Person sexuell dienen muss. Mittlere Vergehen bedeuten, dass es etwas härter zur Sache gehen kann, und bei schweren Vergehen geht es sehr hart zur Sache – deswegen ist dieses Rollenspiel ja auch bei BDSM einsortiert.

Was könnten solche Vergehen sein?

- etwas vergessen
- zu spät kommen
- etwas kaputt machen
- Strafzettel erhalten

Ablauf

Zu einem festgelegten Termin (zum Beispiel jeden Sonntagabend) muss die Person entweder ihr Strafbuch vorlegen, oder sie muss beichten, was sie heute alles falsch gemacht hat. Dabei kniet sie nackt vor dem Partner, während der «Richter» entspannt in einem Sessel sitzt. Daraufhin sortiert der «Richter» die Vergehen nach leicht, mittel und schwer und legt jeweils eine Strafe fest. Die Strafe wird gegebenenfalls im Strafbuch neben dem Vergehen vermerkt. Danach wird die Strafe vollzogen, ein Beweisfoto gemacht und Absolution erteilt.

#51 FORCED MAN

Dildos

Bei diesem Rollenspiel muss sich ein Mann einem anderen Mann hingeben. Im Normalfall wird dies der devote Mann in einer SM-Beziehung sein, der vielleicht seine Bi-Neigung testen möchte.
Er muss nun einen dominanten und aktiven (übt Analverkehr aus) Mann per Kontaktanzeige suchen. Diesem Mann wird das Recht eingeräumt, bestimmte Praktiken auszuüben.

Beispiele

- sich blasen lassen
- sich massieren lassen
- Analverkehr ausüben
- Sperma ins Gesicht spritzen
- Füße und/oder Po lecken lassen
- Zungenküsse
- den Mann abwichsen
- mit Dildos anal penetrieren

Da dies sehr demütigend sein kann, solltet ihr im Vorfeld ausführlich darüber sprechen, wie dieses Rollenspiel zu euch passt.
Nehmt zum Termin unbedingt Kondome und Gleitgel mit ...

Risiken: **emotionaler Absturz**

#52 MATA HARI

verschließbare Truhe

Mata Hari ist eine Erweiterung der Szenarien «Labyrinth» und «What Comes Next». Nur findet dieses Szenario deutlich mehr in der Realität und weniger virtuell statt. Dieses Spiel ist allerdings recht aufwendig, da man unterschiedliche Räumlichkeiten und einige Mitspieler benötigt.
Um was geht es?
Mata Hari ist eine erotische Schnitzeljagd, bei der eine Spionin oder ein Spion ein Geheimnis lösen muss. In unserem Fall benötigt sie einen Schlüssel für eine Truhe. In dieser Truhe liegt ein Geschenk beziehungsweise ein Erlebnis (vielleicht ein neues Spiel). Das könnt ihr natürlich ganz individuell festlegen. Um den Schlüssel zu bekommen, muss sie sich mit realen Personen treffen, von denen sie Passwörter erhält. Doch werden ihr diese Passwörter nur für eine Gegenleistung gegeben.
Um das Spiel möglichst interessant zu gestalten, wäre es schön, dafür eine kleine Homepage einzurichten, deren Unterseiten aber passwortgeschützt sind. Hat sie das erste Passwort, kann sie damit

auf die erste Unterseite gehen. Dort findet sie neue Anweisungen. Und wieder muss sie sich mit jemandem treffen, der ihr das zweite Passwort übergibt – und so weiter.

Wem der Aufwand für die Homepage-Gestaltung zu groß ist, besorgt sich einfach eine neue E-Mail-Adresse, über die das Ganze laufen soll. Dann sendet Mata Hari den Code an diese E-Mail-Adresse und bekommt die nächste Aufgabe.

Besonders spannend ist es, wenn man der Person nicht verrät, wer der geheimnisvolle Mann ist, der die Aufgaben schickt:

«Hey Schatz, ich habe ein interessantes, erotisches Spiel entdeckt und finde, dass du das mal spielen solltest. Schicke doch eine eMail an xxx@yyyy.de.»

Vor Beginn des Spiels müsst ihr euch eine verschließbare Kiste besorgen. Den Schlüssel behaltet ihr bis zum Schluss des Spiels. Auf den Boden der Kiste klebt ihr einen Zettel mit der E-Mail-Adresse des Spielleiters und dem Hinweis «Hans Thilo Schmidt ist das Rätsel».

Es liegt also ein langer Weg vor Mata Hari, der mit einem Brief und der Übergabe der Kiste beginnt.

Mata Hari,

eine verschlossene Metallkiste steht vor dir. Das massive Metall des Bügelschlosses lächelt dich hämisch an.

Du bist kurz davor, die Kiste mit Gewalt zu öffnen, doch irgendetwas hält dich davon ab.

Du drehst sie um und entdeckst auf dem Boden einen Zettel.

Es scheint, als gäbe es hier ein Geheimnis zu lüften.

Aber wie kommst du an die notwendigen Informationen?

Wer kann dir helfen?

Und was wird er oder sie dafür verlangen?

Als Erstes würdest du das Passwort herausfinden müssen und es an die angegebene Adresse schicken.
Dann wird man weitersehen ...
Aber wer ist Hans Thilo Schmidt?

Diese Frage ist das erste Rätsel. Man kann natürlich auch ein anderes Rätsel verwenden. Hans Thilo Schmidt hat im Zweiten Weltkrieg den Code der Enigma genannten Chiffriermaschine der Deutschen Wehrmacht geknackt. «Enigma» wäre also das erste Passwort, das sie an den Aufgabensteller senden muss, der ihr dann die nächste Aufgabe stellt.
Die einzelnen Aufgaben könnt ihr meinen beiden Bänden «Buch der Strafen» entnehmen oder euch eigene ausdenken.
Dieses Spiel macht vor allen Dingen dann Sinn, wenn man andere Personen einbindet, die gegen «sexuelle Gefälligkeiten» weitere Passwörter herausrücken.
Mata Hari erhält nach der letzten Aufgabe den Schlüssel und kann nun die Truhe öffnen.
Was darin ist, überlasse ich gern euch ...
Das Spiel ist zu Ende.

Nachfolgend einige Beispielaufgaben

- Mata Hari muss sich vor jemandem selbst befriedigen.
- Mata Hari muss einen Blowjob geben.
- Mata Hari muss Sex mit einer fremden Person haben.
- Mata Hari muss zehn Schläge mit einer Peitsche ertragen, bevor sie das Passwort bekommt.
- Mata Hari muss sich im Freibad begrabschen lassen.
- Mata Hari muss ein erotisches Foto an jemanden schicken.
- Mata Hari muss nachts hundert Meter nackt über den Marktplatz laufen.

Nach der Erfüllung der letzten Aufgabe bekommt sie den Schlüssel. Um das noch etwas spannender zu gestalten, könnt ihr den Schlüssel zum Beispiel in einem Wald an einen Baum hängen. Die letzte Aufgabe lautet dann, vom Waldparkplatz nackt zu dieser Koordinate zu laufen und den Schlüssel zu suchen.

53 BLINDE KUH

Keine

Für diese Aufgabe benötigt man einen vorbereiteten, großen, leeren Raum. Der Boden wird mit verschiedenen Dingen präpariert, zum Beispiel:

- Bananenstücke
- Kronkorken
- Wasserpfützen
- Eiswürfel
- Dinge, die man umstürzen kann, wie kleine Plastikflaschen
- Erbsen

In der Mitte des Raums bleibt eine Stelle frei, die genau so groß ist, dass dort ein Mensch stehen kann. Zudem muss von der Türe bis zu dieser Stelle ein freier Weg sein. Nun führt man die Person barfuß (oder gleich ganz nackt) und mit verbundenen Augen in diesen Raum und platziert sie auf der freien Stelle in der Mitte. Nun wird auch noch rasch der freie Weg mit Utensilien belegt, während die Person in der Mitte stehen bleiben muss.

Nun ist der Raum bereit. Der Aufgabensteller steht am Rande des Raums und fordert nun die Person auf, vorsichtig zu ihm zu kommen. Die Person wird nun loslaufen und zwangsläufig auf etwas treten, das sie nicht einschätzen kann. Bevor die Person den Rand der belegten Fläche erreicht, verändert der Aufgabensteller seine Position (er geht auf die andere Seite des Raums) und fordert die Person erneut auf, zu ihm zu kommen – und so weiter.
Natürlich können um den Kreis herum auch weitere Personen stehen, die Anweisungen geben.
Als Variante bietet sich an, die Person jedes Mal zu erregen, wenn sie den Rand des Kreises erreicht. Danach wird sie wieder zu einer anderen Stelle gerufen.
Es ist also ein Spiel um Vertrauen, Angst, Erschrecken.

54 PEINLICHES BEFRAGEN

Keine

Dieses Spiel ist vor allen Dingen für schüchterne Menschen geeignet, weil sie sehr intime Dinge über sich erzählen müssen.
Doch kommen wir zuerst zum Setting: Der Befrager oder die Befrager sitzen irgendwo bequem, während der Befragte auf einem einfachen Holzstuhl Platz nimmt. Wichtig ist, dass der Befragte ein paar Dinge nicht tun darf.

Dazu gehören:

- Beine übereinanderschlagen
- Arme vor der Brust verschränken

- etwas in der Hand halten
- Geschlechtsteile verdecken

Bitte achtet darauf, dass die Person diese Regeln wirklich befolgt und schreitet gegebenenfalls lautstark ein. Am besten ist die Person nackt und wird zudem von einer Lampe angestrahlt, wie man es früher in den Verhörzimmern gemacht hat.
Die Person wird also in den Raum gebracht. Ihre Augen sind dabei verbunden. Sie muss sich zuerst völlig entkleiden und auch den Schmuck ablegen.
Dann muss sie ihren Körper präsentieren. Das bedeutet, sie stellt sich mit gespreizten Beinen hin und nimmt die Hände in den Nacken. Dann dreht sie sich langsam einmal um sich selbst.
Sie muss die Pobacken spreizen und ihr Geschlecht präsentieren. Sie wird zudem recht grob abgegriffen. Erst dann darf sie sich hinsetzen und wird befragt.

Kommen wir zu den Fragen

- Wie groß bist du?
- Wie viel wiegst du?
- Welche Tampongröße benutzt du?
- Magst du es, mit Sperma angespritzt zu werden?
- Wie alt warst du beim ersten Mal?
- Wie alt war der erste Sexualpartner?
- Beschreibe, wie du entjungfert wurdest
    - War es schön für dich?
    - Hat es sehr wehgetan? Hast du geblutet?
    - Wo ist es passiert?
    - Bist du gekommen?
- Hattest du schon mal Sex in der Öffentlichkeit? Wie kam es dazu? Beschreibe es.
- Was magst du an deinem Körper nicht?

- Was findest du an deinem Körper toll?
- Bist du schon mal beim Sex erwischt worden? Wie war das?
- Wie befriedigst du dich selbst?
- An was denkst du dabei?
- Auf welchen Typ Mann/Frau stehst du?
- Wie beurteilst du deine eigenen sexuellen Fähigkeiten?
- Mit wie vielen Männer/Frauen hattest du schon Sex?
- Hattest du schon mal gleichgeschlechtlichen Sex?
    - Wie kam es dazu?
    - Wie war es für dich?
    - Was habt ihr gemacht?
    - Würdest du dich als bisexuell bezeichnen?
- Benutzt du gelegentlich einen Dildo?
    - Wie handhabst du ihn?
    - Kommst du zum Orgasmus?
    - Steckst du ihn dir auch in den Arsch?
- Bist du beim Orgasmus eher laut oder leise?
- Wie oft kannst du kommen, wenn du dich selbst befriedigst?
- Wie oft befriedigst du dich selbst in der Woche?
- Hattest du schon mal Sex mit mehreren Menschen gleichzeitig?
    - Wie viele waren es?
    - Wie kam es dazu?
    - Beschreibe, was ihr gemacht habt?
- Was würdest du sexuell gern einmal ausprobieren, wenn die Situation sicher ist?
- Hat dein/e Pussy/Penis einen Namen? Wie lautet er?
- Hattest du schon einmal ein peinliches Sexerlebnis? Wie kam es dazu?
- Hast du ab und an One-Night-Stands?
- Wo findest du deine Sexualpartner?
- Welche sexuellen Tabus hast du?
- Welche sexuellen Praktiken magst du besonders?

- Steckst du dir ab und an etwas in den Po, um dich sexuell zu stimulieren?
- Magst du Analverkehr? Wie viele Männer haben dich bereits anal genommen?
- Schluckst du gerne Sperma?
- Sind deine Orgasmen eher vaginal oder klitorial?
- Hast du schon einmal das Poloch eines Sexpartners geleckt? Hat es dir gefallen?
- Magst du es, selbst am Poloch geleckt zu werden?
- Hast du schon mal die Füße eines Sexpartners liebkost?
- Bist du schon einmal angepisst worden?
- Hast du schon mal jemanden angepisst?
- Hast du schon mal aus Mitleid mit jemandem geschlafen? Warum hattest du Mitleid, und wie war es?
- Hast du schon einmal mit einem Mann geschlafen, obwohl du eigentlich nicht wolltest? Warum hast du das getan?
- Was hast du dir schon alles in deine Pussy gesteckt?
- Wie fühlst du dich bei all den Fragen?
- Wie war dein langweiligstes Sexualerlebnis?
- Hast du deinen Freund schon einmal betrogen? Warum? Wie?
- Deine härteste Fantasie?
- Dein schlechtestes Sexerlebnis?
- Würdest du gegen Bezahlung oder für einen Gefallen mit einem Mann schlafen?
- Nenn mir die ungewöhnlichsten Orte, an denen du schon Sex hattest.
- Welche Sextoys besitzt du, was ist dein Lieblingsspielzeug?
- Magst du es, als Hure oder Nutte beschimpft zu werden?
- Welches Schimpfwort beschreibt dich am besten?
- Kannst du abspritzen/squirten?
- Wie schmeckt dein Mösenssaft/Sperma? Beschreibe es.
- Was ist das Verrückteste, was du selbst mal sexuell gemacht hast?

Am Ende der Befragung kann man natürlich auch noch sexuelle Praktiken durchführen.

Beispiele

- Die Person wird über den Tisch gelegt, festgehalten und von allen Befragern gefickt.
- Die Person muss es sich vor den Befragern selbst machen

Risiken: **Emotionaler Absturz/Abbruch**

#55 DAS VERHÖR

Keine

Ein ähnliches Rollenspiel ist ein Verhör.

Hierbei ist das Setting wie folgt

Ihr benötigt ein Verhörzimmer. Das kann ein einfaches Zimmer – bitte nicht das eigene Wohnzimmer – oder aber auch ein Keller oder Dachboden sein. Dazu ein paar Stühle, einen Tisch und eventuell Spielsachen, die ihr einsetzen wollt (Fesseln, Gerten und so weiter).
Kommen wir zur Situation, auf der das Rollenspiel aufbaut:
Der Person wird im Vorfeld eine Geschichte erzählt sowie einige Daten und Namen mitgeteilt, die sie auf keinen Fall preisgeben darf. Sie ist also Teil der Geschichte.

Beispiel

Die Person ist Teil einer investigativen Journalistengruppe, die Informationen über die Mafia ermittelt hat. Sie ist undercover in die Mafia eingeschleust worden. Zu ihrem Leidwesen wurde sie enttarnt und an einen geheimen Ort gebracht. Sie trägt einen USB-Stick bei sich und kennt natürlich die Namen der anderen Journalisten. Diese Namen muss sie vor den Mafiosi geheim halten, bis ihre Kollegen in Sicherheit sind. Hierfür benötigen diese noch zwei Stunden Zeit.
Nun möchte die Mafia natürlich genau diese Dinge von ihr wissen, und das Verhör beginnt.

Vorbereitung der Person

- Die Person erhält den USB-Stick und darf ihn irgendwo bei sich verstecken. Wo, gibt sie nicht preis.
- Die Person hat drei Namen im Kopf. Das sind die Namen der Mitstreiter. Immer wenn das Spiel zu hart wird, kann sie einen der Namen nennen
  - Frank Müller
  - Peter Matuzek
  - Gabriele Baumann
- Das Ziel ist es, zwei Stunden durchzuhalten, ohne zu viele Informationen preiszugeben.
- Der Person wird mitgeteilt, dass die Mafiosi diese Namen nicht kennen. Natürlich kennen sie sie, somit kann jede Lüge entlarvt werden.

Vorbereitung der Mafiosi

- Die Mafiosi kennen die Tabus der Person, die sie verhören, und werden diese nicht brechen.
- Die Mafiosi sind angewiesen, Schmerzen langsam zu steigern, um nicht zu schnell zu einem Ergebnis zu kommen.

- Einer der Mafiosi sollte der Vertraute der Person sein und das Spiel etwas lenken.
- Die Mafiosi wissen nichts von dem USB-Stick.
- Die Mafiosi haben einen Zettel mit Fragen, die die Person nicht beantworten kann, weil sie davon nichts weiß.
  - Wo ist dein Auto? Wir wissen, dass du den USB-Stick dort versteckt hast!
  - Wo ist die Mappe mit den Fotos?
  - Wo ist deine Kamera?
  - Wer ist «Der Schakal», wer versteckt sich dahinter?
  - Wo ist deine Freundin Claudia? Wie heißt sie mit Nachnamen?

Diese Fragen dienen dazu, das Opfer zu verunsichern, weil sie die Antworten nicht kennt und zwangsweise lügen muss.

Das Verhör

Zuerst benötigt ihr einen Ort für den Start. Das sollte nicht das Verhörzimmer sein, sondern kann wenige Meter entfernt sein (zum Beispiel in einem anderen Zimmer). Dort wird die Person quasi beim Schnüffeln überrascht und festgehalten. Sie wird gepackt und ins Verhörzimmer gebracht. Da darf man ruhig schon etwas gröber sein.

Am Anfang ist die Person noch bekleidet, der USB-Stick steckt zum Beispiel in ihrem Strumpf. Sie sitzt nun auf einem Stuhl am Tisch, und ihre Hände sind mit Handschellen auf dem Rücken gefesselt. Nun werden die ersten Fragen gestellt. Die Mafiosi laufen auf und ab und schreien sie eventuell auch mal an.

Ist die Person eine Frau, kann man auch mal ihre Brüste entblößen und ihr mit Schlimmerem drohen.

Mit jeder Frage, die sie nicht beantwortet oder der sie ausweicht, wird das Spiel intensiver.

- Erste Ohrfeigen treffen ihr Gesicht.
- Sie wird ausgezogen und abgegriffen.
  - Kleider kommen in einen Sack.
  - Schmuck wird ihr weggenommen.
  - Alle Löcher werden untersucht, ob sie den USB-Stick irgendwo versteckt hat (Latex-Handschuhe verwenden).
- weitere Fragen
- erzwungener Blowjob
- erste Schläge auf den Arsch
- Kneifen der Brüste
- Die Mafiosi lassen sich über den Körper der Person aus:
  - Geile Titten!
  - Schon mal in den Arsch gefickt worden?
  - Wie oft machst du es dir selbst?
  - Komm, zeig uns, wie du das machst!
- Sie wird über den Tisch gelegt und gefickt.
- Rohrstockhiebe
- Sie muss blasen und schlucken.
- Sie muss in unbequemen Stellungen stehen.
  - An die Wand gelehnt, die Beine gespreizt, mit den Fingern muss sie Geldstücke an der Wand festhalten. Sollten sie herunterfallen, gibt es Schläge.
  - Stehend die Arme nach vorne, ein Wasserglas in den Händen.
  - Mit dem Gesicht zur Wand knien.

Nennt sie einen richtigen Namen oder verrät das Versteck des USB-Sticks, reduziert man die Intensität.
Man reicht ihr auch etwas Wasser und eine Decke, mit der sie sich notdürftig bedecken kann.

- Dann werden wieder Fragen gestellt.
- Die Decke wird ihr wieder weggenommen.
- Elektrisiergeräte können eingesetzt werden

- Harter Sex folgt.
- Schläge/Ohrfeigen

Sind die zwei Stunden vorbei, endet das Verhör. Sollte sie es geschafft haben, nicht alles zu verraten, bekommt sie eine Belohnung, ansonsten eine Strafe (zum Beispiel x Tage Handyverbot). Das macht das Spiel noch spannender.

Risiken: **emotionaler Absturz**

#56 PETPLAY

Geschirre, Gerte, Plugs, Napf, Plastikknochen, Käfig und so weiter

Bei dieser Aufgabe wird die Person zu einem Sklaventier gemacht. In der BDSM-Szene spricht man von Petplay (engl. Pet = Haustier). Das bedeutet, dass eine Person in die Rolle eines Tieres schlüpft. Während eines Petplays herrscht ein erotisches Machtgefälle, es geht also um Dressur, Unterwerfung und sexuell stimulierende Erniedrigung. Sadomasochistische Praktiken können Bestandteil des Petplays sein.
Bei Petplay geht es für den devoten Partner häufig darum, menschliche Verhaltensweisen für eine begrenzte Zeit abzulegen. Das Pet unterwirft sich dem Willen seines Besitzers (Owners) und kommuniziert nur noch nonverbal. Auch Dressur und Benutzung (Besteigen der Stute) gehören zum Petplay. Bestandteil vieler Petplay-Rollenspiele sind neben Dressur und sportlichen Aktivitäten auch die «Tierzucht» sowie Ent- und Besamung durch den Owner.

Beliebte Utensilien bei allen Varianten des Petplay sind deshalb Halsbänder, komplette Geschirre, Keuschheitsgürtel, Plugs mit Schweif, Sättel, Hufschuhe, Sulkys und eventuell Peniskäfig.
Es gibt mittlerweile eigene Communitys für diese Spielart, aber auch etliche allgemeine BDSM-Foren und -Communitys haben Bereiche oder Angebote für Petplayer.
Die häufigsten Varianten des Petplays sind Ponyplay (Pferd) und Dogplay (Hund).
Im Dogplay (engl. Dog = Hund) werden normale Elemente der Hundehaltung und -erziehung nachgeahmt (apportieren, an der Leine gehen, aus dem Napf fressen et cetera). Diese Spielart ist einfach umzusetzen, da wenige Utensilien gebraucht werden, die zudem nicht sehr kostspielig sind. Es gibt allerdings auch Shops, die sich auf diese Spielart spezialisiert haben und entsprechende Masken und so weiter anbieten.
Jedes Tier hat allerdings nur wenige vom Menschen umsetzbare Verhaltensweisen, und so droht Petplay rasch eintönig zu werden. Daher ist es einfacher, von einem Sklaventier zu sprechen und die verschiedenen Pets miteinander zu verbinden.

Daraus ergeben sich folgende Möglichkeiten

- erste Gesundheitsuntersuchung (Gummihandschuh, anal, vaginal, Gebiss)
- erotische Laktation mit Saugnäpfen, Nippeltraining
- Grundreinigung mit Bürste und Schlauch, Kämmen
- Gangarten üben
  - Schritt (normales Gehen, Po wackelt)
  - Trab (Knie ganz hoch anheben)
  - Galopp (Rennen)
  - auf allen vieren (Knie dürfen den Boden nicht berühren)
  - Piaffe (seitliches Laufen)
  - an der Leine

    - bei Fuß gehen
    - Lauf (normales Gehen)
- Sitzarten:
    - Sitz (aufrecht sitzen auf allen vieren)
    - Platz (auf dem Boden knien, Kopf am Boden, Po nach oben)
    - zu den Füßen/bei Fuß (zusammengekrümmt)
    - Hündchenstellung (Arme erhoben, Handgelenke nach vorn abgeknickt)
- besteigen lassen/besamen
- aus Napf essen/trinken
- Haustierbett nutzen
- Sulky ziehen lassen beziehungsweise auf dem Pet reiten
- Sporen einsetzen
- Bestrafung mit Peitsche, wenn es unfolgsam ist
- Gewicht auf allen vieren über eine Wiese ziehen lassen (an Hoden festgebunden)
- apportieren (Slip, Socken, Knochen)
- Gassi gehen
- blind den eigenen Slip oder Socken apportieren lassen (ohne Hände)
- Hindernislauf
- Longieren (im Kreis laufen und Schrittarten üben lassen)
- abmelken, Samengewinnung
- Leckerlies geben
- Handzeichen vereinbaren, denen das Pet folgen muss
- Heimtierausweis erstellen

Da Tiere nicht sprechen können, erfolgt die Kommunikation von Tier zu Mensch nonverbal.

Beispiele

- mit Mund an Schritt des Owners stupsen = möchte begattet werden
- hecheln = Durst
- knurren = gefällt mir nicht
- knurren und Kopf schütteln = Stopp!
- zu den Füßen zusammenrollen = mir geht es gut
- Hand lecken = befriedige mich
- Füße lecken = Essen bitte
- Pfote auf Schritt = ich muss auf die Toilette
- etwas anstupsen = das ist interessant
- Leine bringen = Spazieren gehen
- etwas im Mund bringen = ich will apportieren
- Hände um Schulter legen und winseln = mir ist kalt
- beide Hände über Stirn streifen und winseln = mir ist warm
- winseln und Ausweichbewegung = Pause bitte
- Brust streicheln = freu mich
- sich hinter dem Herrn verstecken = Gegenüber ist unsympathisch

Auch diese nonverbale Kommunikation kann man einüben lassen: Wie macht das Sklaventier, wenn es auf die Toilette will? Für die Eingangsuntersuchung gibt es nachfolgend ein Protokoll (Heimtier-Ausweis), das ausgefüllt werden kann.

Natürlich kann man auch weitere Personen zum Beispiel als Veterinär oder Begatter mit einbinden.

HEIMTIER-AUSWEIS

Name: ______________________________

Rasse: ______________________________

Geschlecht: ______________________________

Geburtsdatum: ______________________________

Haarkleid (Farbe und Art): ______________________________

Besitzer:

Name, Vorname: ______________________________

Adresse: ______________________________

Mailadresse: ______________________________

Eingangsuntersuchung:

Durchgeführt am: ______________________________

Behaarung (Achseln, Körper, Schambereich, Kopf): ______________________________

Gebiss: ______________________________

Augen: Farbe/Sehhilfe ______________________________

Rektal: ______________________________

Zugänglichkeit: eher klein [ ] normal [ ] eher groß [ ]

Vaginal:

Länge und Form der Schamlippen: _______ cm ______________________________

Durchmesser: eher klein [ ] normal [ ] eher groß [ ]

Kitzlergröße: eher klein [ ] normal [ ] eher groß [ ]

Erregbarkeit: eher klein [ ] normal [ ] eher groß [ ]

Brüste:

Größe: eher klein [ ] normal [ ] eher groß [ ]

Brustwarzen: eher klein [ ] normal [ ] eher groß [ ]

Empfindlichkeit: eher klein [ ] normal [ ] eher groß [ ]

Kennzeichnung:

Halsband (Datum, Art): ______________/______________

Tattoo (Datum, Körperstelle, Typ): ______________/______________

Mikrochip (Datum, Körperstelle): ______________/______________

#57 GESCHICHTE DER O

Keine

Die «Geschichte der O» ist ein Standardwerk der BDSM-Szene und häufig Teil eines Rollenspiels. Die literarische Vorlage ist ein Roman von 1954 von Anne Desclos, den sie unter dem Pseudonym Pauline Reage veröffentlichte.
Desclos war in einen verheirateten Mann verliebt, der den Marquis de Sade verehrte. Ihm zu Ehren schrieb sie das Buch, das sie ihm kapitelweise zusandte. Der erste Verleger, der das Werk herausbrachte, war Jean-Jacques Pauvert, der bereits die gesammelten Werke de Sades veröffentlicht hatte. Der Verleger wurde mehrfach erfolglos verklagt, aber das Buch landete wegen seiner Obszönität auf dem Index. Erst 1994 bekannte sich Desclos als Autorin des Werks.
Doch kommen wir zum Inhalt, den ich hier kurz zusammenfasse.

Erster Teil

Rene bringt seine Geliebte O in ein Palais in dem spezielle Regeln gelten.
Sie muss jedem Mann sexuell zur Verfügung stehen und darf jederzeit gezüchtigt werden. Sie muss bedienen, darf keinem der Männer in die Augen sehen und muss sich nackt zeigen.
Dieser Aufenthalt dauert einen Monat und soll sie auf ihr neues Leben vorbereiten.
Am Ende ihres Aufenthalts wird O in den Kerker des Schlosses gebracht und gefoltert und missbraucht. Dann werden ihr endlich die Fesseln abgenommen und sie erhält einen speziellen Ring. Jeder, der diesen Ring erkennt, darf sie sexuell benutzten.

Zweiter Teil: Sir Stephen

O arbeitet wieder als Modefotografin doch ihre Freunde und Bekannte spüren deutlich, dass sie sich verändert hat. O lernt Jacqueline und führt sie dem Kreis zu.
René macht O mit seinem älteren Stiefbruder Sir Stephen bekannt. O gibt ihr Einverständnis auch diesem zu dienen. Doch René zieht sich immer mehr zurück und O verfällt Sir Stephen immer mehr.

Dritter Teil: Annemarie und die Ringe

O trifft Sir Stephen inzwischen täglich, und schließlich will er sie mit ihrem Einverständnis «zeichnen» lassen.
Sir Stephen bringt O schließlich zu Anne-Marie nach Samois in ein Landhaus. Hier soll sie einen Monat bleiben und am Ende dieser Zeit gezeichnet werden. O gibt ihr Einverständnis.
O entdeckt ihre Bisexualität und beginnt es zu genießen andere Mädchen zu peitschen.
Am Ende ihres Aufenthalts bekommt O ihre Zeichnung. Ein Ring wird an einer Schamlippe angebracht, an dem eine Plakette mit ihrem und Sir Stephens Namen hängt. Außerdem bekommt sie Sir Stephens Initialen auf eine Pobacke mit einem glühenden Eisen eingebrannt.

Vierter Teil: Das Käuzchen

Sir Stephen, O, René, Jacqueline und weitere Personen verbringen den Sommer am Meer. Os Kennzeichnung lässt sich nicht verbergen, und so schwärmt sie Jacqueline von Roissy vor. Auch Jaqueline soll dorthin gebracht werden. O erkennt Sir Stephen als ihren einzigen Gebieter an.
Sir Stephen stellt O seinen Freunden zur Verfügung. Schließlich wird O nackt an einer Kette einer Festgesellschaft von Sir Stephens Freund vorgeführt. O fühlt sich zu einem Stück Fleisch degradiert.

Das letzte Kapitel des Buchs

Es gibt zwei Versionen des Endes.

In der ersten kehrt O nach Roissy zurückkehrt und wird dort von Sir Stephen verlassen. Das zweite Ende ist viel brutaler «Als O sah, dass Sir Stephen sie verlassen würde, wünschte sie sich den Tod. Sir Stephen erteilte seine Zustimmung.»

Doch kommen wir nun endlich zur Umsetzung des Buchs in ein Rollenspiel. Die «Geschichte der O» wird häufig in der BDSM-Szene «nachgespielt». Nachgespielt im Sinne der Regeln und nicht im Sinne des kompletten Buchs.

Ich möchte hier nun kein fertiges Skript aufschreiben, sondern einen Eindruck geben, was eine O eigentlich ist und welche Möglichkeiten es gibt. Wir ihr das dann umsetzt, bleibt Euch überlassen, da die Vorlieben doch zu unterschiedlich sind.

Daher versteht nachfolgende Informationen eher als Rat oder Möglichkeiten, wie so ein Rollenspiel aufzubauen ist.

Definition: Was ist eine O?

- Die O ist eine Art erotische Dienerin/Sklavin.
- Eine O steht ihrem Herrn jederzeit für sexuelle Dienste zur Verfügung.
- Der Herr kann seine O an andere Herren/Herrinnen weitergeben.
- Eine O gibt keine Widerworte und redet nicht ungefragt.
- Eine O erfüllt alle ihr aufgetragenen Aufgaben (gegebenenfalls auch Hausarbeiten) bestmöglich.
- Eine O ist bestrebt, ihren Herrn stolz auf sie zu machen.

So gesehen, ist eine O eine freiwillige Sexsklavin, die sich dem Willen ihres Herrn absolut unterwirft.

Regeln, die für eine O gelten

- Beine nie schließen oder übereinander legen.
- Mund ist immer leicht geöffnet und zugänglich.
- Die O schaut keinem Herrn in die Augen, sondern zu Boden oder in den Schritt.
- Die O kann als solche gekennzeichnet werden.
- Der Herr wird gesiezt oder als Herr angesprochen.
- Die O kniet in der Regel in Grundposition beim Herrn und setzt sich nie ohne Erlaubnis auf Stühle, Sofas und so weiter.
- Die O macht ihren Herrn sofort auf Unpässlichkeiten aufmerksam.
- In Notfällen (Toilette, Unwohlsein) fragt sie um Erlaubnis («Herr, darf ich sprechen?»).
- Die O hält sich an die Kleiderordnung.
- Die O beherrscht die Grundpositionen (siehe Sklavenvertrag).
- Die O bittet darum, kommen zu dürfen und kommt nicht ohne Erlaubnis.
- Die O tut kund, wenn sie kommt.
- Wird die O berührt, verharrt sie sofort in der Position, in der sie sich gerade befindet.
- Auf Wunsch ist sie anal gespült, vorgedehnt und eingecremt.
- Die O führt ein Strafbuch.
- Eine O macht den Herrn auf noch ausstehende Bestrafungen aufmerksam.
- Schnipst der Herr mit den Fingern , kommt die O sofort und kniet sich hin.

Alle Regeln dienen dazu, ein Machtgefälle herzustellen und der O ihren Status vor Augen zu führen. Sie sind zu Teilen auch aus dem Buch «GOR – Die Gegenerde» entlehnt.

Kleiderordnung

- Der Herr gibt die Kleiderordnung vor.
- Meistens:
  - Kleid der O (findet man im Internet)
  - nackt, eventuell mit Heels
  - Halterlose und Heels
  - Hand- und Fußfesseln
  - keine Unterwäsche und kleines Schwarzes

Bestrafungen

Der Herr darf seine O für Ungehorsam und andere Vergehen bestrafen.

- Bestrafungen dienen der Maßregelung bei Vergehen.
- Der Herr hat das Recht, seine O für Fehler zu bestrafen.
- Natürlich hat er auch das Recht, dies zu seinem Vergnügen zu tun.
- Die O bedankt sich nach jeder Bestrafung:
  - kniend mit Handkuss
  - kniend mit Fußkuss
  - mit Kotau (kniende Verbeugung, bei der der Kopf den Boden berührt)

Ganz generell sollte alles, was ihr tut, einvernehmlich, sicher und mit gesundem Menschenverstand durchgeführt werden. In manchen SM-Beziehungen sind bei Bestrafungen auch Grenzüberschreitungen erlaubt, da es ja eine reale Strafe sein soll. Dann unterscheidet man zwischen Lustschmerz/Züchtigung und Bestrafung.

Achtsamkeit

Eine O ist stets achtsam gegenüber sich selbst und ihrem Herrn.

- Sie achtet auf ihre Körperpflege, ist stets reinlich und gepflegt, und achtet auf ihre Gesundheit (Erhaltung der Arbeitskraft).

- Sie kommuniziert mit ihrem Herrn über ihre Einschränkungen, Tabus und Unpässlichkeiten.
- Sie kommuniziert Änderungen in ihrer Belastbarkeit und ihren Neigungen.
- Sie kommuniziert Wünsche und Bitten.
- Sie tut nichts, was ihren Herrn in Verlegenheit bringen könnte.

Pflichten des Herrn

Natürlich gibt es auch «Regeln» für den Herrn, da dieser letztendlich für das Wohlbefinden der O verantwortlich ist.

- Er ist verantwortlich für das körperliche und emotionale Wohlbefinden der O.
- Er ist gleichzeitig auch Schutz gegen Übergriffe im öffentlichen Rahmen.
- Er achtet auch auf die Wünsche und Neigungen der O, ohne ein reiner Wunscherfüller zu sein.
- Eigentum verpflichtet.
- Achtsamer Umgang mit der Macht.

Die O im Alltag oder in der Öffentlichkeit

Meistens ist es nicht möglich, die Geschichte der O offen zu leben. Im Alltag kann man aber trotzdem einiges einbauen, zum Beispiel in Form einer Kleiderordnung:

- etwas zu freizügiges Outfit
- kein Slip
- defensives Halsband
- Ring der O

Oder auch durch versteckte Gehorsamkeitsübungen, wie das Tragen eines Plugs oder eines ferngesteuerten Vibroeis.

Sklavenvertrag

Das Rollenspiel wird perfekt, wenn man das sogar vertraglich festlegt!

Was macht beziehungsweise bedeutet ein solcher Vertrag, und wie erstelle ich ihn?

- Der Vertrag regelt die Rechte und Pflichten von Sklavin UND Herr.
- Es gibt 1.000 Vorlagen im Internet.
- Idealerweise wird der Vertrag auf die eigenen Gegebenheiten abgestimmt.
- Aber: So ein Vertrag ist rechtlich nicht bindend, da er gegen die guten Sitten verstößt. Es ist also eher ein emotionaler Vertrag.

Was gehört hinein?

- Wird es auch im Alltag gelebt? (Besitz, Freunde, Beruf ...)?
- Welche Tabus gibt es?
- sexuelle Rechte des Herrn
- Einbindung anderer Personen
- Pflichten des Herrn
- Pflichten der O
- Verhaltensweisen

Risiken: **emotionaler Absturz, Übergriffe**

SKLAVENVERTRAG

Grundsätzliche Regeln

- Die Sklavin erfüllt alle ihr auferlegten Regeln und Aufgaben mit dem Ziel, sie bestmöglich zu erfüllen. Die Sklavin ist bestrebt, ihren Herrn stolz auf sie zu machen.
- Die Sklavin steht jederzeit für sexuelle Dienste zur Verfügung und wirkt aktiv an der Befriedigung des Herrn mit.
- Die Sklavin fragt stets um Erlaubnis, wenn sie kommen möchte beziehungsweise kann.
- Die Sklavin spricht den Herrn stets als Herr an und siezt ihn.
- Die Sklavin ist stets ehrlich, respektvoll und bemüht.
- Die Sklavin hat die Grundstellungen zu beherrschen und pflegt ihren Neigungsbogen.
- Die Sklavin ist gepflegt. Das heißt, sie achtet auf ihr Aussehen, auf die Körperhygiene und ihre Kleidung. Hände und Füße sind hornhautfrei. Sie ist dezent geschminkt und duftet gut.
- Die Sklavin hält sich an die Kleiderordnung (siehe unten).
- Die Sklavin bedient ihren Herrn nach Aufforderung (Getränke, Feuer und so weiter).
- Die Sklavin darf sich nur hinsetzen, wenn es ihr Herr erlaubt. Sitzmöbel dürfen dabei nur mit Erlaubnis benutzt werden. Sie darf beim Sitzen ihre Beine nicht übereinanderschlagen. Die Sklavin darf darum bitten, eine bequeme Stellung einnehmen zu dürfen.
- Der Herr darf die Sklavin zu seinem Lustgewinn züchtigen.
- Der Herr darf die Sklavin für Verfehlungen züchtigen. Hierbei steht es dem Herrn boi groben Verfehlungen (Untreue, Lügen, öffentliche Bloßstellung) frei, auch Bestrafungen durchzuführen, die deutlich über die Lustgrenze hinausgehen.
- Die Sklavin kommuniziert mit ihrem Herrn über ihre aktuellen Einschränkungen, Tabus und Unpässlichkeiten.
- Der Herr bestimmt über die Sexualität der Sklavin. Möchte sie mit anderen Herren/ Männern verkehren, darf sie um Erlaubnis bitten. Es entscheidet aber immer der Herr. Ausnahme sind gegebenenfalls sexuelle Handlungen im Zusammenhang mit ihrem Partner.
- Die Sklavin hat das Recht, eventuelle Bedenken zu äußern. Sie hat dies respektvoll zu tun. Beispiel: «Darf ich einen Einwand vorbringen?»
- Eine Sklavin hat grundsätzlich Interesse, an ihren Tabus zu arbeiten und sie abzubauen. Das wird nicht immer gelingen. Die Sklavin ist verpflichtet, über ihre

Wünsche und Fantasien zu sprechen, aber auch über ihre Ängste. Wünsche und Tabus können sich im Laufe der Zeit verändern. Diese Veränderungen hat sie ihrem Herrn kundzutun.

Das Verhalten gegenüber anderen Herren

- Die Sklavin hat sich auch gegenüber anderen Herren und Herrinnen respektvoll zu verhalten.
- Ist sie nicht generell für alle freigegeben, hat sie Ansinnen anderer Herren an ihren Herrn weiterzuleiten («Geehrter Herr, Ihr Interesse ehrt mich, und ich würde mich freuen, wenn Sie Ihr Ansinnen an meinen Herrn stellen.»).
- Ist sie temporär oder generell freigegeben, gibt es hierfür eine Anweisung, was darunter zu verstehen ist.

Kleiderordnung

- Die Sklavin hat sich stets nach Wünschen des Herrn zu kleiden.
- Die Sklavin trägt keine Unterwäsche.
- Normalerweise ist die Sklavin völlig nackt.
- Die Sklavin trägt während der Anwesenheit ihres Herrn ein Halsband. Ausnahmen teilt der Herr der Sklavin mit. Das Halsband kann auch zu anderen Gelegenheiten angewiesen werden, zum Beispiel wenn die Sklavin allein auf BDSM-Events geht.
- Die Sklavin trägt bei Treffen keinen Schmuck, außer es ist ihr erlaubt.

Datum: ______________________

______________________ ______________________

Der Herr Die Sklavin

Grundstellungen

Steh	Breitbeiniges Stehen, die Hände hinter dem Nacken verschränkt, den Blick auf den Boden gerichtet.

Steh bequem & In die Ecke	Wie «Steh», nur sind die Arme hinter dem Rücken verschränkt. Bei «In die Ecke» stellt sich die Sklavin in dieser Grundstellung mit dem Gesicht zur Wand in eine Raumecke.
Sitz	Die Sklavin kniet auf allen vieren, der Kopf ist erhoben, der Mund leicht geöffnet. Die Beine sind gespreizt, es wird ein Hohlkreuz gebildet.
Lieg	Auf dem Rücken liegend, die Arme seitlich über dem Kopf gelegt. Die Füße sind aufgestellt, wobei die Sohlen den Boden berühren. Die Schenkel sind ebenfalls weit geöffnet.
Knie	Kniend, die Beine geöffnet, die Handflächen liegen nach oben geöffnet auf den Knien, der Blick ist gesenkt, der Rücken ist gerade.
Platz	Kniend, der Oberkörper liegt auf dem Boden auf, die Hände befinden sich neben dem Kopf, der Po ist nach oben gereckt, die Schenkel geöffnet.
Bück dich	Stehend mit durchgedrückten Knien. Die Beine sind gespreizt, die Hände greifen um die Knöchel.
Präsentiere dich	Die Beine sind leicht nach außen abgewinkelt. Das Becken wird vorgeschoben und die Scham mit den Händen geöffnet beziehungsweise präsentiert.
Kotau	Der Kotau (Kniefall) wird nach einer realen Bestrafung ausgeführt, um den Herrn gütig zu stimmen und um Verzeihung zu bitten. Die Sklavin kniet möglichst zusammengerollt vor ihrem Herrn und umfasst seine Füße. «Ist es verziehen?»
Brücke	Hinten übergebeugt auf allen vieren, die Beine sind gespreizt, der Kopf nach hinten gelegt.

Kennzeichnungen

Eine O besitzt eine tiefe Verbindung zu ihrem Herrn. Diese wollen manche auch nach außen zeigen und wünschen sich daher eine Kennzeichnung. Doch welche Möglichkeiten gibt es?

Temporäre Kennzeichnungen

- Halsband der O (Lederband mit einem Ring daran)
- Ring der O (im Internet zu finden)
- Henna-Tattoo (auch für eine Probezeit)

- Edding
- Intimschmuck

Dauerhafte Kennzeichnungen
- Tätowierung
- Branding (bitte vom Profi machen lassen)
- Cuttings

Übergaberitual

Manche Paare, die dieses Rollenspiel spielen, sehen es nicht mehr als Spiel an, sondern als Teil ihres normalen Lebens. Daher wünschen sich manche Os eine Art «Übergabe» an ihren Herrn. Die Übergabe einer O an ihren Herrn ist quasi der Ende eines Weges und zugleich Anfang eines neuen Weges. Es ist wie eine Art BDSM-Hochzeit:

- Spätestens jetzt wird ein Vertrag aufgesetzt.
- Kennzeichnung (Tattoo, Ring, Halsband) der O
- Kotau/Fußfall ausüben
- Formel sprechen («Hiermit übergebe ich ...»; «Hiermit nehme ich ...»)

Natürlich macht ein solches Rollenspiel viel mehr Spaß, wenn man Gleichgesinnte mit einbindet. Doch wie findet man die? Heutzutage ist das recht einfach realisierbar, indem man Kontaktanzeigen schaltet oder sich in Erotik-Foren anmeldet. Dabei sollte darauf geachtet werden, dass die Vorstellungen der Mitspieler eine möglichst große Schnittmenge mit den euren haben.

Einbindung anderer Mitspieler – Szenarien

Hier einige Beispiele, wie so etwas ablaufen könnte, nachdem man die passenden Mitspieler gefunden hat:

- Jeder Herr stellt seine O kurz vor. Die O muss sich den anwesenden Herren präsentieren und ein, zwei der Grundstellungen zeigen.
- Im Laufe des Abends werden die Vergehen abgestraft. Ob der Herr dies selbst macht oder die Bestrafung (idealerweise) weitergibt, bleibt ihm überlassen.
- Für eine bestimmte Zeit werden die Sklavinnen bewusst getauscht (Losentscheid?).
- Zu Beginn können die Herren alle Os testen, ob sie die Grundstellungen beherrschen.
- Die Os müssen ihre Strafbücher vorlegen (Einstieg in den Abend).
- Idealerweise haben sich die Herren vorher abgestimmt, oder es gibt einen «Maître de Plaisir», der den Abend etwas lenkt.
- Farbige Bänder können genutzt werden, um die Verfügbarkeit zu signalisieren.
- Die Os werden mit Edding durchnummeriert. Die Zahl ist auch der Name für diesen Abend.
- Es gibt eine Kleiderordnung, an die sich alle Os zu halten haben.
- Die Os bedienen alle Herren.
- «Berührbar sein». Das bedeutet, dass die O, sobald sie berührt wird, in der aktuellen Position verharrt, bis der Herr sie wieder entlässt.
- Ein (eingeweihter) «Fremder» erkennt Ring oder nennt das Codewort, und die O muss folgen.
- Vereinbarte Handlungen für den Abend – Vorschläge:
  - Dient als kleinster gemeinsamer Nenner, dem alle zustimmen.
  - Jeder Herr hat das Recht, jede O vaginal und oral zu benutzen.
  - Jeder Herr darf sich von jeder O bedienen lassen.
  - Jeder Herr hat das Recht, jede O ausgiebig mit den Händen zu untersuchen.
  - Jeder Herr hat das Recht, jede O zu fixieren und sie zu

peitschen, ohne heftige Spuren oder Striemen zu hinterlassen.
- Jeder Herr kann Bi-Spiele zwischen den Sklavinnen verlangen.

Umgang mit Übergriffen durch fremde Herren auf Events

- Eine O sollte auf einem Event nicht wehrlos sein.
- «Entschuldigen Sie, mein Herr wünscht nicht, dass ...» (auch bei Sprechverbot).
- Codewort, Ampelcode, um eine Aktion abzubrechen, sollte sie ein Tabu beinhalten.
- Der Herr sollte immer ein Auge auf die eigene O haben.

Alltag versus Geschichte der O

Gerade im Alltag wird es in Beziehungen mit der Zeit schwieriger, ein solches Rollenspiel aufrechtzuerhalten. Nachfolgend ein paar Ideen, wie man sich den Einstieg erleichtern kann: Raus aus dem Alltag, hinein ins Vergnügen! Hierbei geben natürlich der Vertrag sowie die individuellen Verhältnisse den Rahmen vor.

Kleine Szenarien, um den Einstieg zu finden:

- Herr legt Halsband um.
- O bringt Halsband und kniet sich hin.
- O übergibt Brief.
- Herr schickt SMS (Heute Abend erwarte ich ...).
- regelmäßige Tage festlegen

Im Internet finden sich mittlerweile auch Gruppen und Vereine, die diese Spielart leben. Dort findet man rasch Kontakt.

#58 DIE VORFÜHRUNG

Dildos, Peitschen, Fesseln, Plugs ...

Kommen wir nun zu einem besonderen Rollenspiel aus dem BDSM: die Vorführung. Hierbei wird die Person (meist eine Frau) einer größeren Runde präsentiert und zur Verfügung gestellt. Ganz grob gibt es drei unterschiedliche Szenarien:

- Präsentation:
    - Sklavin wird gezeigt, muss sich zeigen.
    - Anfassen oftmals erlaubt.
- Vorführung:
    - Sklavin wird gezeigt, muss sich zeigen.
    - Anfassen erlaubt.
    - Einbinden anderer, eher bekannter Personen (Bestrafung, Sex)
    - Der Herr/Herrin lenkt.
    - private oder öffentliche Location
- Public Disgrace:
    - Siehe nächstes Rollenspiel
- Vorbereitung:
    - Teilnehmer suchen
        - Die richtige Auswahl treffen
            - Kontaktanzeige klar formulieren/Um was geht es?
            - Alter von bis?
            - Figur?
            - Entfernung? (Weiter entfernt Wohnhafte kommen oft nicht.)
            - Erfahrung gewünscht?

        - Lest euch die Profile (z.B. in Erotik-Communities) gut durch.
        - Spricht euch der Profiltext an?
        - Formuliert klar, wen ihr sucht und wen nicht.
    - Geht davon aus, dass einige kneifen werden.
    - Geht davon aus, dass sich Leute melden, die nicht verstehen, was ihr sucht.
    - Unbedingt die Kandidaten vorher treffen und Sympathie klären (gegebenenfalls ohne die Sklavin).
    - Kompromisse werden nötig sein, aber bitte mit Bedacht.
    - Drei bis sechs zusätzliche Personen sind wohl ideal, bei mehr artet es oftmals in ein «Rudelbumsen» aus.
    - Zuschauer können natürlich auch eingeladen werden, allerdings sollen die dann keine eigenen Spiele starten, sondern «nur» zuschauen.
    - Im Mittelpunkt steht immer EINE Person.
- Location suchen:
    - Eine fremde Location kickt zusätzlich (Anreise ist Start des Spiels, Ungewissheit).
    - Gibt es zahlreich in jeder Region Deutschlands (Mietstudios, Seitensprungzimmer, SM-Location).
    - Auch etliche Privatpersonen haben Studios, die sie gern vermieten oder zur Verfügung stellen.

Die Personen sind gefunden, ein Raum steht zur Verfügung! Und nun?

- Der Spannungsbogen:
    - Entwickelt vorab einen roten Faden.
    - Legt vorab zwei, drei «Meilensteine» fest, so kann man peinliches Stocken verhindern.
    - Ausweichstrategien entwickeln, falls der Abend nicht so läuft wie erhofft.

- Der rote Faden:
  - Ist wichtig, um ein Stocken zu verhindern.
  - Stellt sicher, dass alle eingebunden werden.
  - Kann individuelle Wünsche der Gäste berücksichtigen.
  - Generiert gute Übergänge.
  - Stellt sicher, dass das Ganze so abläuft, wie der Herr beziehungsweise die Sklavin es als gut empfindet.
  - Muss nicht sklavisch abgearbeitet werden.
  - Wenn ein Flow entsteht, sollte man das laufen lassen.

Nachfolgender Ablauf ist nur ein Vorschlag und sollte natürlich den persönlichen Vorlieben angepasst werden!

Die Einladung

Bereits mit der Einladung beginnt das Rollenspiel. Wie kann eine solche Einladung aussehen?

- handgeschriebener Brief oder E-Mail durch die Sklavin
- Ort, Zeit, Parkmöglichkeiten
- Unkostenbeitrag
- Dresscode
- Neigungsbogen anhängen, damit alle Beteiligten die Wünsche und Tabus der Sklavin kennen
- Regeln des Abends
- Safeword, das die Aktion ohne Wenn und Aber beenden kann

Nachfolgend ein Beispieltext für eine solche Einladung.

Sehr geehrter Herr X,

mein Herr möchte Sie zu einer Vorführung meiner Person herzlich einladen und freut sich auf Ihr Kommen.

Mein Herr wird mich an diesem Abend einem kleinen Kreis ausgewählter Herren präsentieren und anschließend Ihren Wünschen und Gelüsten überlassen.

Das Ganze findet am xx.xx.xx in Stuttgart (Adresse) statt. Der Abend beginnt pünktlich um xx:xx Uhr mit einen kleinen Willkommenssekt und endet erst, nachdem ich alle Anwesenden befriedigt habe.
Mein Herr bittet um kurze Mitteilung, ob es Ihnen möglich ist, meiner Vorführung beizuwohnen.
Dresscode ist entsprechend des Anlasses ein dunkler Anzug.

Demütig,
Sklavin S

Anhang: Neigungsbogen, Regeln des Abends, Anfahrtsskizze und Parkmöglichkeiten

Die Gäste sind eingeladen, und der Event naht. Was ist nun zu tun?

Vorbereitung der Sklavin

- Regeln beibringen:
  - Siezen der Anwesenden
  - Grundstellungen einüben
  - im Vorfeld ein Strafbuch führen lassen (Das können «Meilensteine» werden.)
  - Kleiderordnung
  - eventuell auch schon Hand- und Fußfesseln
  - muss Orgasmus ankündigen beziehungsweise um Erlaubnis bitten
  - Wie darf die Sklavin/der Sklave zwischendrin kommunizieren? («Herr, darf ich ...»)
  - Individuelle Regeln
- Körperliche Vorbereitung:
  - Körperpflege
  - zwei bis drei Stunden vorher nichts mehr trinken, um Toilettengänge zu verhindern
  - Toilette gehen

- Halsband umlegen
- eventuell anal vordehnen, Klistier

Vorbereitung des Raumes

Nichts ist störender als ein unaufgeräumter Raum und grelles Licht. Daher solltet ihr den Raum wirklich achtsam vorbereiten.

- aufräumen, putzen
- gedämpftes Licht, Kerzen
- ruhige Musik einlegen (eher instrumental und leise)
- Düfte aufstellen
- Telefon abstellen
- Kondome
- Gleitgel
- Erste-Hilfe-Set
- Küchenrolle
- Desinfektionsmittel
- Getränke und Snacks
- Werkzeuge für Notfallbefreiung (Schere, Zange und so weiter)
- Toys
- Fixierungspunkte prüfen
- warme Decke
- Raum vorher gut lüften und dann einheizen

Vorbereitung der Gäste

- Neigungsbogen zuschicken
- Neigungsbogen zusätzlich auslegen
- Tabus deutlich kommunizieren und eventuell ausdrucken und aufhängen
- Stoppwort/Ampelcode erläutern
- Eventuell vorher schon bei einem Planungstreffen vereinbaren, wer/was/wann macht. Das verhindert peinliche Pausen, weil sich niemand traut.

- Auch Gäste sollen vorher duschen.
- Dresscode mitteilen
- Teilnehmerwünsche und Erfahrungen abfragen und eventuell einbauen
- Fragerunde vorbereiten: Was interessiert die Gäste, was möchten sie von der Sklavin wissen?

Der Ablauf

Begrüßung der Gäste

- Variante 1: Sklavin wartet in einem separaten Raum, bis sie geholt wird (mit verbundenen Augen, das fokussiert).
- Variante 2: Sklavin begrüßt bereits die Gäste und serviert einen Begrüßungssekt.
- Variante 3: Sklavin begrüßt und serviert, wird dann aber kurz rausgeführt, damit sich die Herren austauschen können.
- Variante 4: Sklavin befindet sich mit verbundenen Augen in einer der Grundstellungen als «Möbelstück» im Raum und wartet.

Der Einstieg

- Der Herr begrüßt mit einer kurzen Ansprache alle Gäste.
- Er verweist nochmals auf die Tabus und das Stoppwort.
- Dann wird die Sklavin in den Kreis geholt und steht in Grundstellung «Steh» mit verbundenen Augen.
- Der Herr erläutert die positiven Vorzüge der Sklavin (Negatives zerstört meistens die Stimmung):
  - schöne Brüste
  - zeigt schöne Reaktionen
  - reagiert schön auf den Rohrstock
  - bläst gern
  - ist heute etwas nervös

   - Damit wird die Sklavin nun auch offiziell eingebunden und in den Mittelpunkt gestellt.
- Der Herr äußert vielleicht auch etwas zu seinen Wünschen:
   - Was soll die Sklavin lernen oder erleben?
   - Soll eine Angst genommen werden?
   - Er möchte stolz sein, dass die Sklavin ihr Bestes gibt.
   - Idealerweise gibt es auch noch eine oder zwei Strafen «abzugelten», Der Grund wird mitgeteilt, die Strafe kann auch mit den anwesenden Herren ausdiskutiert werden. Die zweite Bestrafung kann man als Ausstiegsszenario nutzen.

Fragerunde (Beispiele)

Manchmal macht es zum Aufwärmen Sinn, die Sklavin kurz von den Beteiligten befragen zu lassen.

- Wie fühlst du dich?
- Was wünscht du dir?
- Wovor hast du jetzt Angst?
- Magst du es, angespritzt werden?
- Was war dein bestes Sex-Erlebnis?
- Welchen Teil deines Körpers magst du, welchen nicht?
- Wie befriedigst du dich selbst? (Zeigen lassen.)
- An was denkst du dabei?
- Wie viele Sexpartner hattest du bereits?
- Was würdest du gern einmal ausprobieren?
- Schluckst du gern Sperma?
- Leckst du gern Polöcher? Was fühlst du dabei?
- Hattest du schon mal aus Mitleid oder gegen Bezahlung Sex?
- Schildere uns deine härteste Fantasie.
- Wo hattest du schon überall Sex?
- Letzte Frage: Was ist dein Lieblingstoy? (Zeigen und benutzen lassen.)

Die Vorführung – der Beginn

- Grundstellungen zeigen lassen. Dabei von Gast zu Gast gehen, sodass vor jedem Gast mindestens eine Grundstellung durchgeführt wird. Dabei ist Anfassen erlaubt.
- Weitere Möglichkeiten im Ablauf:
  - Bestrafung für ein begangenes Fehlverhalten ankündigen
  - Was hat sie falsch gemacht? (Nichts konstruieren!)
  - Was wäre eine angemessene Strafe?
  - Wer führt die Bestrafung durch?
    - Losentscheid
    - Sklavin darf sich einen «Henker» aussuchen.
    - Bestrafung durchführen

Jetzt sind alle im Spiel!

Der weiche Ausstieg

- Irgendwann ist es auch gut, und man sollte immer aufhören, wenn es am schönsten ist
- Die Vorführung langsam aussteuern. Hierfür kann man eine kurze Pause nutzen.
- Nicht mitten in einem «Spiel» aufhören.
- Schlussaktion ankündigen.
- Letzte Möglichkeit, sich noch einen blasen zu lassen oder zu ficken und so weiter.
- Nun erhält sie noch eine letzte Bestrafung, weil ... (Vielleicht hat sie ja am Abend etwas falsch gemacht oder es wurde eine zweite Strafe vorbereitet).
- Nun darf sich die Sklavin vor uns allen noch selbst befriedigen.
- Der Herr holt die Sklavin zu sich und lässt sie langsam runterkommen.
- Gemütliches Beisammensein (entweder noch als Sklave/Sklavin oder wieder als «Mensch», der geduscht und angezogen ist).

Der unangenehme Ausstieg

Manchmal kann etwas schiefgehen, und es kommt zu einem Abbruch. Vielleicht wurde ein Tabu berührt? Oder die Fantasie war spannender als das reale Erleben? Letztendlich ist es egal.

- Sollte es dazu kommen, dass die Sklavin abbricht oder der Eindruck entsteht, sie hätte gern einen Abbruch, sollte ihr Herr das berücksichtigen.
- Gegebenenfalls kurz mit der Sklavin den Raum verlassen, die Sklavin beruhigen und dann die Gäste informieren.
- Eventuell kann es dann weitergehen (oder auch nicht).
- Sklavin in das normale Leben zurückholen (duschen, umziehen).
- Ein gemütliches Beisammensein rundet dann den Abend ab und hinterlässt keine «blöden» Gefühle.

No-Gos

- Wenn ihr gute Mitspieler haben wollt, dann behandelt sie als euresgleichen. Also seid nicht befehlend, belehrend oder gönnerhaft.
- Unterbrecht keine Spiele, solange sie für die Vorgeführte okay sind, selbst wenn es für den Herrn uninteressant ist.
- Versucht nicht, alles zu kontrollieren und vorzugeben. Das schafft Frust und stört die Stimmung.
- Vermeidet Nebenschauplätze (laute Unterhaltungen über andere Themen, Parallelspiele und so weiter).

Risiken: **emotionaler Absturz, Übergriffe**

#59 PUBLIC DISGRACE

Keine

Gehen wir noch einen Schritt weiter. Bei Public Disgrace wird eine (meist weibliche) Person mehreren Menschen zur sexuellen Benutzung überlassen. Dies können eingeweihte Freunde, aber eben auch Fremde sein, die man sich über eine Kontaktanzeige gesucht hat. Es gibt auch Veranstalter, die so etwas anbieten. Natürlich geschieht alles freiwillig. Dieses Rollenspiel ist im BDSM-Umfeld anzusiedeln, es geht also nicht nur um Geschlechtsverkehr, sondern auch um BDSM-Praktiken, bis hin zur extremen Erniedrigung und Demütigung der Person.

Im Gegensatz zur Vorführung geht es hier weniger strukturiert zu und deutlich härter zur Sache. Zudem ist ein Stoppwort eher unüblich. Das bedeutet, die Person kann aus eigener Kraft das Spiel nicht beenden. Dieses Rollenspiel ist also eher etwas für Hartgesottene.

Um dieses Szenario zu erklären, schreibe ich hier beispielhaft, wie eine Einladung zu einem solchen Abend aussehen könnte.

Einladung zum Public Disgrace

Eine wehrlose, nackte Frau und zehn Personen.

Vorführen.

Betasten.

Erregen.

Züchtigen.

Benutzen.

Erniedrigen.

Demütigen.

An diesem Abend steht uns eine Sklavin zur freien Verfügung, um unsere Lust zu befriedigen.
Wir wollen diesen Abend mit möglichst wenigen Einschränkungen und Regeln begehen, trotzdem möchte ich ein paar Worte dazu anmerken:
Es nehmen maximal zehn Mitspieler teil.
Da es keine Regieanweisung und auch keinen Ablaufplan gibt, müssen sich die Teilnehmer selbst organisieren und aufeinander Rücksicht nehmen.

Daher ist folgende Idee geboren:
Bei der Ankunft wird die Sklavin bereits frisch geduscht und nackt mit verbundenen Augen anwesend sein. Die Mitspieler können bereits bei der Ankunft eine erste Begutachtung und Erkundung ihres Körpers durchführen. Der eigentliche Disgrace beginnt aber erst nach einer kurzen Begrüßung.

Sauberkeit/Sicherheit
In der Location gibt es eine Dusche/Bad, sodass sich jeder Mitspieler waschen beziehungsweise duschen kann.
Verkehr findet ausnahmslos safe, sprich mit Kondom statt. Kondome liegen bereit.
Des Weiteren ist auch Gleitgel (für Analverkehr) und Desinfektionsmittel vor Ort.
NS-Spiele und das Anspritzen mit Sperma bitte erst am Schluss des Abends. Die anderen Mitspieler wollen vielleicht den Kontakt damit meiden.
Eine Liste der wenigen Tabus hängt dieser Mail an (siehe Neigungsbogen). Ich werde sie auch in der LoCation nochmals aushängen. Sollte es Unklarheiten geben, so fragt mich bitte.
Das gilt auch, wenn ihr etwas sehr Außergewöhnliches machen wollt, das nicht auf dem Neigungsbogen steht.
Auch wenn es möglichst wenige Tabus gibt, sind diese streng einzuhalten. Wer sich nicht an die Tabus hält, fliegt raus.

Dildos: Es werden verschiedene Dildos und Plugs vorhanden sein. Bitte benutzt immer ein Kondom und tauscht es aus, wenn ihr einen benutzt habt. Wir wollen keine Bakterien zwischen Anus und Scheide verschleppen. Wascht euch gegbenenfalls auch die Hände.
Zu guter Letzt: Es herrscht absolutes Fotografierverbot (auch mit Smartphones).

Der Disgrace
Zu Anfang des Abends wird das Los entscheiden, wer die Sklavin «anspielen» wird. Hierbei geht es vor allen Dingen darum, die Sklavin warm zu machen. Bitte achtet darauf, langsam zu beginnen. Der Abend ist lang, und wenn die Sklavin in den ersten fünf Minuten schon an ihre Grenzen gebracht wird, droht der Abbruch. Dieses Warmspielen wird dann etwa fünfzehn Minuten dauern. Danach wird sie für alle freigegeben.
Natürlich können nicht alle gleichzeitig in Aktion treten (maximal zwei bis drei). Bitte nehmt Rücksicht, und zieht euch ab und an zurück, damit auch die anderen zum Zuge kommen. Zuschauen kann ja auch schön sein. Der Abend ist lang, und jeder wird ausreichend Zeit haben.
Natürlich könnt ihr auch eure eigenen Spielsachen mitbringen und verwenden, solange sie sicher und desinfiziert sind.

Eine passende Location kann man leicht anmieten. Am besten sucht ihr mit «BDSM Mietlocation» bei Google danach. In jeder größeren Stadt gibt es so etwas.
Dieser Text kann natürlich an eure persönlichen Vorstellungen angepasst werden.

Risiken: **körperlicher oder emotionaler Absturz**

#60 ERBLINDET

Keine

«Erblindet» ist, wie der Name sagt, ein Rollenspiel, das der Person den Sehsinn nimmt. Es geht also darum, der Person dauerhaft die Augen zu verbinden (idealerweise mit einer absolut blickdichten Maske). Um das Ganze noch zu erschweren, zieht man ihr Lederfäustlinge an. Lederfäustlinge umschließen die ganze Hand, und die Person muss dabei eine Faust machen. Sie kann dann ihre Finger nicht mehr benutzen. Nun ist die Person völlig hilflos! Natürlich trägt sie dabei keine Kleidung.

Das Spiel sollte einen klaren zeitlichen Rahmen haben, und die Rahmenbedingungen sind vorher abzustimmen. Darunter fällt zum Beispiel, was mit der Person in dieser Zeit gemacht werden darf. Natürlich geht es hier hauptsächlich um sexuelle Dinge, gegen die sich die Person kaum wehren kann. Aber natürlich kann man auch noch andere Dinge mit einbauen, wie zum Beispiel:

- abduschen
- pinkeln und abtupfen
- füttern
- Spazieren gehen im Garten oder im Wald
- in Wald pinkeln lassen
- outdoor entblößt werden
- einen Swingerclub besuchen

Um das Ganze noch spannender zu gestalten, kann man auch weitere Personen einbinden.

#61 DER DOKTOR KOMMT

Arztkittel, Spekulum, Vibrator, Latexhandschuhe, Analplugs und so weiter

Der Arztbesuch ist ein recht bekanntes Rollenspiel, allerdings kann man dieses mit ein paar hilfreichen Tipps noch viel interessanter gestalten.
Idealerweise bucht ihr euch ein Zimmer mit Untersuchungsstuhl. In den meisten größeren Städten kann man so etwas in BDSM-Mietlocations finden. Solltet ihr keinen Untersuchungsstuhl haben, geht auch ein Tisch, auf den ihr eine Decke legt. Der Patient legt sich dann rücklings darauf und zieht die Beine an.

Zur Vorbereitung solltet ihr euch einige Dinge besorgen:

- Gleitgel
- Plugs (verschiedene Größen)
- Vibratoren (verschiedene Größen)
- Spekulum
- Anal-Spekulum
- weißer Arztkittel
- Untersuchungsprotokoll (siehe unten)
- Stethoskop
- Fieberthermometer
- Maßband
- Meterstab
- Dilatoren (führt man in die Harnröhre ein)
- Stuhl für die Untersuchung (Arzt sitzt, Patient steht davor)

All diese Dinge sind gar nicht so teuer im Internet zu beziehen.
In der Regel beginnt die Untersuchung mit der Auflistung der allgemeinen körperlichen Verfassung, wie zum Beispiel Größe, Gewicht und Alter. Danach muss sich die Person entkleiden, und es wird eine gründliche Intimrasur durchgeführt.
All Untersuchungen werden im Untersuchungsbericht festgehalten. Dabei könnt ihr euch am Untersuchungsbericht entlanghangeln.

Risiken: **kleine Verletzungen im Intimbereich**

UNTERSUCHUNGSPROTOKOLL

Angaben zur Person

Name: ______________________

Vorname: ______________________

Geburtstag: ______________________

Wohnort: ______________________

Allgemeine Angaben

Gewicht: ______________________

Körpergröße: ______________________

Beinlänge: ______________________

Schuhgröße: ______________________

Armlänge: ______________________

Konfektionsgröße: ______________________

Brustumfang: ______________________

Hüftumfang: ______________________

Beckenumfang: ______________________

Beim Mann sind zusätzlich folgende Körperteile zu vermessen

Schwanzlänge (schlaff und steif): ______________________

Durchmesser Wurzel: ______________________

Durchmesser der Einschnürung an der Eichel: ______________________

Beschnitten/nicht beschnitten: ______________________

Form (gerade/schief): ______________________

Stehwinkel horizontal gemessen (hängend/waagrecht/steil): ______________________

Anale Zugänglichkeit (leicht/mittel/schwer): ______________________

Größe der Hoden (klein/mittel/groß): ______________________

Länge des Hodensacks (klein/mittel/groß): ______________________

Bei der Frau sind zusätzlich folgende Maße zu vermessen

Länge der Schamlippen: ______________________

Durchmesser des Kitzlers: ______________________

Form des Kitzlers (flach, rund, oval, kirschförmig): ______________________

Größe der inneren Schamlippen (klein/mittel/groß): ______________________

Form der Schamlippen (wulstig/groß/mittel/klein): ____________________

Tiefe der Vagina (mit Meterstab messen): ____________________

Feuchtigkeit der Vagina (trocken/feucht/sehr feucht): ____________________

Durchmesser der Vagina (klein/mittel/groß): ____________________

Brustgröße (A/B/C/D ...): ____________________

Form (Apfel/Glockenform): ____________________

Brustfestigkeit (hart/normal/weich): ____________________

Durchmesser der Brustwarzen in cm: ____________________

Form der Nippel (flach/leicht erhaben/kirschförmig): ____________________

Brustwarzen erregbar (leicht/mittel/schwer) Pustetest mit Wasser: ____________________

Anale Zugänglichkeit (leicht/mittel/schwer): ____________________

Allgemeines

Körpertemperatur anal gemessen: ____________________

Erregbarkeit (leicht/mittel/groß): ____________________

Orgasmusfreudigkeit (leicht/mittel/groß): ____________________

Squirtet?: ____________________

Spermamenge (klein/mittel/groß): ____________________

Um all diese Fragen beantworten zu können, muss der Körper natürlich ausgiebig mit Händen untersucht werden. Besondere Aufmerksamkeit widmet man den erogenen Zonen des Untersuchten. Anale und vaginale Zugänglichkeit kann man mit Fingern (Latexhandschuhe), aber auch mit Dildos und Plugs prüfen.

Der Einsatz von vaginalen und analen Spekulums verstärkt den Untersuchungscharakter nochmals.

Natürlich kann man auch eine Urinprobe verlangen, natürlich vor den Augen des Doktors abgeliefert. Am Ende muss dann die Erregungs- und Orgasmusfähigkeit (zum Beispiel unter Einsatz von Vibratoren) geprüft werden ...

#62 RAPEPLAY

Keine

Auch wenn es sich wirklich verrückt anhört, aber Frauen und Männer haben durchaus auch Vergewaltigungsfantasien. Natürlich ist die Umsetzung nicht so einfach, weil die Vergewaltigung zum einen echt wirken soll und zum anderen aber auch sicher ablaufen muss. Es ergibt nun mal eher wenig Sinn, wenn der eigene Partner den Vergewaltiger im Schlafzimmer mimt, am besten noch bei Kerzenlicht und leiser Musik. Hier fehlt es an der Authentizität.

Was macht also ein gutes Rapegame (Vergewaltigungsspiel) aus?

- Die Tat geschieht überraschend. Die Person weiß lediglich, dass es in den nächsten Tagen passieren wird.
- Man benötigt ein passendes Szenario. Hierzu muss die Person Möglichkeiten schaffen, die vorher mit dem Organisator abgesprochen werden. Es entsteht also vorher ein kleiner Terminplan mit den möglichen Orten und Zeitpunkten. Allerdings weiß die Person nicht, wann und wo, sondern nur, dass es passiert.

Wie kann ein solcher Terminplan aussehen?

- Sie macht einen Waldspaziergang in der Abenddämmerung am Dienstag, 19 Uhr.
- Sie schläft die nächsten Tage nachts bei offener Balkontür.
- Sie bewegt sich nachts auf bestimmten einsamen Parkplätzen und Orten.
- Sie besucht nachts eine Tiefgarage (Vorsicht: Überwachungskameras), um ihr Auto nach einem Barbesuch abzuholen, am Mittwoch um 21 Uhr.

- An bestimmten Abenden ist sie allein zu Hause, und der Pizzabote klingelt.
- Sie geht in ein Hallenbad – erzwungener Blowjob in einer Umkleidekabine.
- Sie geht an einer bestimmten Stelle zu einem bestimmten Zeitpunkt in einem Wald pinkeln.
- Sie zeltet nachts allein in einem Wald.
- Das Mobiltelefon der Dame wird mit einer Tracking-App versehen, sodass man immer weiß, wo sie sich aufhält. Sie ist leicht zu orten und kann dann in einer einsamen Gegend überfallen werden.

Diese Plätze haben eines gemeinsam: Dort kann die Vergewaltigung oder auch Entführung mit anschließender Vergewaltigung geschehen, ohne dass Anwesende die Polizei rufen. Die Wahl des Platzes ist also mit ausschlaggebend für den Erfolg.
Natürlich steigt die Anspannung der Person mit jeder Möglichkeit, die verstreicht, und sie erschrickt jedes Mal, wenn es an der Tür klingelt.
Der Vergewaltiger kann der eigene Mann oder aber auch ein Eingeweihter oder beides sein. Sind es zwei Personen, ist das Überwältigen einfacher.
Der oder die Vergewaltiger sollten auf jeden Fall eine Maske tragen, das macht das Ganze authentischer. Auch Handschellen, Knebel und Augenbinde (Sack über den Kopf) machen das Szenario realistischer.
Man kann das Rapegame natürlich soft oder auch härter spielen. Je nachdem, wie sehr die Frau sich wehrt, sind Gegenmaßnahmen notwendig, wie zum Beispiel Ohrfeigen.
Auch ist es eine Möglichkeit, die Frau mit hochprozentigem Alkohol abzufüllen, sobald man sie «gefangen» hat. Ob man die Person nur oral und vaginal benutzt oder auch anal penetriert, liegt im eigenen Ermessen.

Das Rapegame kann natürlich auch mit einer Entführung kombiniert werden. Dann wird die Frau gepackt, in einen Kofferraum gesperrt und an den Ort der Vergewaltigung gebracht. Achtet dabei darauf, dass die Fahrt nicht zu lange dauert.
Eine weitere Möglichkeit ist es, einen Freund einzuladen und ihm zu sagen, dass er die Frau nun ficken darf und sie da kein Mitspracherecht hat. Er dürfe sie nehmen, wie er will, notfalls eben mit Gewalt.
Oder der Partner geht kurz Zigaretten holen, und der Freund nimmt sich in der Zwischenzeit die Frau.
Bei einem solchen Szenario kann es allerdings rasch zu einem emotionalen Absturz kommen. Da macht eventuell ein Stoppwort Sinn, damit die Person sich aus der Situation befreien kann. Auf der anderen Seite ist eine solche Ausstiegsmöglichkeit auch ein kleiner Lustkiller. Das müsst ihr selbst entscheiden.

Risiken: **kleinere Verletzungen und blaue Flecke**

#63 DIE JAGD – ZWEI SZENARIEN

Keine

Dieses Rollenspiel benötigt einen abgelegenen Wald oder ein Maislabyrinth. Abends ist es da oftmals einsam und ruhig. Trotzdem empfehle ich immer, irgendwo einen Aufpasser zu platzieren, der die Spieler warnt, sollten sich Wanderer nähern. Auch ein abends leer stehendes Gebäude oder ein Parkhaus sind gut geeignet (Achtung: Überwachungskameras).

Szenario 1: Das Maislabyrinth

Im Spätsommer beziehungsweise Herbst gestalten einige Landwirte ihre Maisfelder zu sogenannten Maislabyrinthen um. Abends ist es dort meistens recht einsam. Die Aufgabe besteht nun darin, dass die Person das Maislabyrinth unbekleidet durchlaufen muss. Zwei Minuten, nachdem die Person losgelaufen ist, darf ihr die Meute folgen. Derjenige, der sie einfängt, darf mit der Person dann etwas Bestimmtes machen.

Das könnt ihr natürlich selbst ausgestalten.

Gerade bei Labyrinthen, die mehr einem Irrgarten gleichen, ist es unter Umständen etwas aufwendiger, den Ausgang zu finden, und die Person hat auch gute Chancen zu entkommen – wenn sie das denn will.

Szenario 2: Der Wald

Im Prinzip läuft das Spiel gleich ab.

In diesem Falle benötigt man ein abgelegenes Waldstück. Mit Einbruch der Dämmerung wird es da rasch einsam. Die Person wird an einer Stelle im Wald ausgesetzt und muss zu ihrem Auto laufen. Dabei ist sie unbekleidet oder trägt nur ein Kleid ohne Unterwäsche. Am besten läuft die Person barfuß, das verringert ihre Geschwindigkeit deutlich. Die Entfernung zum Auto sollte etwa ein Kilometer sein, und zwischen ihr und dem Auto lauern die bösen Jungs.

Wer sie fängt, darf sie für eine Stunde behalten. Alternativ dürfen sich alle Beteiligten mit ihr vergnügen, sollte sie gefangen werden. Die Person gewinnt das Spiel, wenn sie ihr Auto erreicht, ohne dass sie gefangen wurde. Dafür bekommt sie dann eine Belohnung.

Ähnliches könnt ihr natürlich auch in den genannten Tiefgaragen und leer stehenden Bürogebäuden durchführen.

#64 LEBENDIGE MÖBEL

Glas- oder Holzplatte, Tablett, kleiner Sockel

Allen Jones stellte 1969 nackte Frauen als Möbel dar. Sie trugen Glasplatten auf dem Rücken und waren somit ein Tisch oder mussten als Stuhl oder Lampe herhalten.
Dieses Rollenspiel greift das Thema erotisch auf. Ein Möbelstück bewegt sich nicht und gibt auch keinen Laut von sich.
Die Person wird also nach und nach in diverse Möbel verwandelt und muss in jeder Position eine bestimmte Zeit verharren. Natürlich dürfen die Möbelstücke benutzt und auch angefasst und untersucht werden.

Beispiele

- Fußbank
- Tisch
- stehender Tablettthalter mit Getränken
- Aschenbecherhalter
- auf Sockel stehende Skulptur in verrenkter Pose
- Bleistifthalter während des Kartenspiels (wo auch immer der Bleistift steckt ...)

Auch hier kann man sich ja ein paar Freunde einladen, um mit ihnen gemeinsam einen gemütlichen Abend zu verbringen. Dann kann je ein Partner ein Möbelstück darstellen.

#65 ANPINSELN

Wand- oder Wasserfarbe, Malerfolie, Pinsel

Jeder kennt die Straßenkünstler, die sich unbeweglich und geschminkt auf die Straße stellen und Menschen erschrecken. Das ist das Setting für ein besonderes Szenario. Ein guter Platz hierfür ist der Swingerclub.

Besorgt euch weiße Wandfarbe, eine Malerfolie zum Druntерlegen und einige Pinsel. Bereits vor Öffnung des Swingerclubs (oder auch daheim, bevor die Gäste kommen) wird die Person komplett mit Wandfarbe angepinselt (inklusive der Haare). Ob das der Partner macht oder ob man auch andere «Malermeister» einlädt, bleibt eure Entscheidung.

Nun benötigt man noch ein kleines Podest, auf das sich die Person stellt, sobald der Club öffnet. Am besten steht die neue «Skulptur» irgendwo am Rand, wo sie nicht gleich auffällt. Zudem hält sie einen Vibrator in der Hand. Ob jeder sofort bemerkt, dass die Skulptur lebt?

Später dürfen die Gäste dann den Vibrator einsetzen, bis die weiße Farbe abblättert. Natürlich darf die Person sich weder bewegen noch einen Ton von sich geben.

Risiken: **leichte Hautabschürfungen**

#66 THE FIGHT

Bodenmatte und eventuell zwei Plugs oder Dildos

Bei diesem Rollenspiel geht es um einen erotischen Ringkampf. Um Verletzungen zu vermeiden benötigt man eine große Bodenmatte oder eine andere weiche Unterlage.
Anhand eines Beispiels ist dieses Rollenspiel am einfachsten zu erklären.

Hier die Regeln

- Der Kampf dauert, bis eine der Personen verloren hat. Alternativ kann eine bestimmte Zeit festgelegt werden.
- Ziel ist es, dem Gegner einen Plug in den Po zu schieben (vorher den Po mit Gel eincremen).
- Zu Beginn tragen beide Kämpfer noch einen Slip.
- Der Sieger bekommt danach eine erotische «Dienstleistung».
- Deutliche Kraftunterschiede werden mit einem Handicap ausgeglichen. Zum Beispiel wird eine Hand in einen Fäustling «gesperrt», sodass die Finger kaum noch benutzbar sind.
- Der Gegner darf ein Stoppwort verwenden, sollte eine eingesetzte Praktik zu schmerzhaft sein.
- Der Kampf geht dann wie folgt weiter: Die Person, die unterbrochen hat, geht auf alle viere, und der Gegner darf sich hinter der Person platzieren und legt seine Hände auf deren Rücken. Dann geht der Kampf weiter.

Vor Beginn des Kampfs werden die zwei Plugs/Dildos in die Mitte gelegt. Sobald der Kampf beginnt, wird zuerst jeder versuchen,

zumindest eines der Toys zu ergattern. Ergattert jemand beide Toys, ist das nicht unbedingt ein Vorteil, weil er nun nicht mehr so gut kämpfen kann.
Der Kampf endet, wenn eine Person aufgibt oder der Gegner es schafft, den Plug im Po des anderen zu versenken. Gibt eine Person auf, wird der Plug natürlich trotzdem «versenkt».
Was der Sieger nun als Belohnung erhält, bleibt euch überlassen.

Risiken: **leichte Hautabschürfungen**

#67 BLACKMAILING

Beweisstück

Unter Blackmailing versteht man im Deutschen eine Erpressung. Das bieten zum Beispiel einige Dominas ihren Kunden an, um die Herrin-Sklaven-Beziehung noch realer werden zu lassen. Die Sklaven müssen dann Dienste erledigen und Geld zahlen, damit etwas Bestimmtes über sie nicht veröffentlicht wird. Meist steht der Domina ein peinliches Foto zur Verfügung, oder ein Schuldschein, mit dem sie Druck ausüben kann. Zudem besitzt die Domina auch viele persönliche Daten (Privatadresse, Arbeitsplatz) des Sklaven, mit dem sie ihn noch mehr in Abhängigkeit bringen kann.
Das geht teils so weit, dass die Domina Zugriff auf das Konto oder Paypal-Konto des Erpressten hat. Im Gegenzug erhält er ab und an kleine Zuwendungen. Das kann ein reales Treffen mit der Übergabe eines Slips sein, ein paar Ohrfeigen, Fußerotik, Anspucken, eine Skype-Session, eine BDSM-Session und so weiter. Natürlich

muss er auch dafür bezahlen. Oder er begleitet die Domina zum Einkaufen und muss alles, was die Erpresserin möchte, für sie kaufen. Zum Sex kommt es dabei nie. Die Bezahlung kann auch eine fixe Summe sein, die er jeden Monat «abdrücken» muss.
Dies kann man auch innerhalb einer Beziehung spielerisch machen. Wobei es nur dann wirklich Spaß macht, wenn die Drohung gegebenenfalls auch real durchgeführt wird. Welcher Mann möchte schon, dass ein Bild von ihm in Strapsen bei ihren Freundinnen herumgezeigt wird? Oder welche Dame möchte, dass seine Freunde ein Foto mit einem Riesendildo in ihrer Pussy gezeigt bekommen?

Zum Ablauf

Zuerst müssen folgende Dinge festgelegt beziehungsweise durchgeführt werden:

- Erstellen des peinlichen Fotos
- Festlegung, wie lange die Erpressung andauert (zum Beispiel ein Wochenende)
- Festlegung der Tabus: Was darf mit dem Erpressungsopfer nicht gemacht werden? Hierzu könnt ihr den Neigungsbogen verwenden. Wobei es authentischer ist, wenn es nicht allzu viele Tabus gibt – es geht ja schließlich um eine Erpressung.
- Festlegung der Personen, die gegebenenfalls das Foto gezeigt bekommen – btte nie per Mail versenden, sondern nur zeigen.

Sollte es wirklich dazu kommen, kann man den Freunden ja erzählen, dass ihr eine Wette laufen hattet und der Verlierer ein solches Foto zur Verfügung stellen musste.
So, das Spiel ist vorbereitet und es kann losgehen. Der Erpresser hat nun für den festgelegten Zeitraum die Möglichkeit, «Wünsche» zu äußern. Das können ganz normale Dinge sein, aber eben auch sexuelle.

Beispiele

- Fernsehprogramm bestimmen
- Massage
- Essen auswählen
- das Auto waschen lassen
- bestimmte sexuelle Praktiken ausführen lassen
- Die Person muss sich vor dem Erpresser selbst befriedigen.
- Die Person muss weitere Nacktbilder zusenden.
- Die Person muss die Füße oder Schuhe oder den Po lecken.
- Die Person muss sich etwas in den Po schieben.

Nach Ablauf des festgelegten Zeitraums erhält die Person das Foto zurück und kann es vernichten.
Dann werden die Rollen getauscht!

#68 SLEEPING BEAUTY

Alkohol

Im Film «Sleeping Beauty» von Julia Leigh aus dem Jahr 2011 geht es um eine junge Frau, die ihren Körper im betäubten Zustand zahlenden Männern zur Verfügung stellt.
Über eine Zeitungsanzeige geriet sie an einen geheimnisvollen Club, in dem Frauen in Dessous reiche Herrschaften bei Dinner-Partys bedienen. Clara, die Chefin des Clubs, ist von Lucy angetan und bringt sie dazu, noch weiterzugehen.
Betäubt von einer Droge, überlässt Lucy ihren wehrlosen Körper den sexuellen Fantasien der Clubmitglieder, denen absolute

Diskretion zugesichert wird. Bald schon quält Lucy die Frage, was wohl während ihrer Bewusstlosigkeit mit ihr geschieht. Mit einer Minikamera zeichnet sie heimlich eine der Sitzungen auf.

Auf diesem Skript baut das nun folgende Rollenspiel auf. Die Person wird zuerst unter Alkohol gesetzt, Bitte beachtet dabei, dass die Person zwar leicht betrunken oder angetrunken ist, aber dass ihr Kreislauf stabil bleibt. Also bitte nicht übertreiben, und lasst die Person nie alleine!

Der Alkohol benebelt die Sinne der Person. Zudem werden ihr Ohrstöpsel eingesetzt und eine Maske über den Kopf gezogen, damit ihr Gehör- und Sehsinn genommen sind.

Nun wartet man ab. Sobald die Person in einen Halbschlaf verfällt, beginnt man mit allerlei sexuellen Spielen. Achtet dabei darauf, dass ihr Tabus im Vorfeld abgeklärt habt. Idealerweise filmt man den ganzen Abend, damit die Person sich, wenn sie wieder wach ist, anschauen kann, was passiert ist.

#69 EROTISCHER ESCAPE ROOM

viele

Stell dir vor, du bist entführt worden.

Nackt, eingesperrt.

Düstere Musik füllt den Raum, und alles ist in rotes Licht und Kerzenschein getaucht.

Deine Hände sind mit Handschellen gefesselt.

An deinem Halsband befindet sich eine fünf Meter lange Kette.

Die Kette ist genau so lang, dass du dich zwischen dem Bett, auf dem du liegst, und an einen Tisch bewegen kannst.
Ein Briefumschlag liegt darauf. Ebenso ein eigentümlicher Tresor und weitere rätselhafte Dinge.
Dein Entführer (oder die Entführerin) gibt dir eine kleine Chance zur Flucht.
Solltest du das Rätsel des Tisches lösen, wird der Tresor den Schlüssel freigeben und dich in die Freiheit entlassen.
Doch so einfach ist es nicht.
Dein oder vielleicht sogar die Entführer kommen in regelmäßigen Abständen zu dir, um sich mit dir zu vergnügen ... und jedes Mal wird es härter ...
Danach verlässt er dich wieder, und du kannst weiterrätseln, um hoffentlich rasch entfliehen zu können.
Das ist das Szenario.
Letztendlich ist es eine Art erotischer Escape Room, dem du entkommen musst.

Was benötigst du dazu?

- fünf Meter lange Stahlkette
- Augenbinde
- eine Handschelle
- Vierfach-Zahlenschloss mit farbigen Walzen
- zwei normale Zahlenschlösser mit drei oder vier Walzen
- verschließbares Halsband mit Schlüsselschloss
- zwei oder drei alte Bücher
- eine selbst gebastelte Kryptex/Decodierer aus Pappe
- Butterbrotpapier
- zwei mit Zahlenschlössern verschließbare Schatullen/Kisten/Tagebücher (nachfolgend schreibe ich nur noch von Schatullen)
- Lesezeichen (in eines der Bücher legen)
- vier farbige Schnüre (gelb, blau, rot und grün)

- zwei bis drei beliebige kleine Dekoartikel
- Briefumschlag
- Schloss mit Schlüssel
- Kopfmaske mit Augen- und Mundöffnung

Vorbereitung des Raums

- Stellt einen Tisch neben das Bett.
- Klebt den Handschellenschlüssel mit Tesa unter den Tisch.
- Auf den Tisch legt ihr die Bücher und die Dekoration.
- Macht nun in die vier farbigen Schnüre jeweils zwischen null und neun Knoten. Diese ergeben den Code für das Schloss mit den farbigen Walzen. Die Anzahl der Knoten ergibt die Zahl, die ihr auf der Walze einstellen müsst, um das Schloss zu öffnen. Beispiel: In der roten Schnur sind vier Knoten, also muss später die rote Walze auf vier eingestellt werden.
- An den Schlössern könnt ihr leicht beliebige Codes einstellen.
- Die Schnüre legt ihr in einen Umschlag, den ihr zuklebt.

Nun müsst ihr etwas basteln.
Schreibt einen vierstelligen Zahlencode (zum Beispiel: 1234) auf ein DIN-A5-Blatt. Nun nehmt ihr ein Butterbrotpapier und teilt es in der Mitte. Legt diese Teile übereinander auf den Zahlencode. Nun müsst ihr auf die beiden Teile des Butterbrotpapiers jeweils Teile des Zahlencodes übertragen. Am Ende soll der Code entstehen, wenn man die Butterbrotpapierseiten aufeinanderlegt. Man benötigt also beide Teile, um den Code sichtbar zu machen. Achtet darauf, dass ihr auf keinem Butterbrotpapier einen ganze Zahl schreibt, sondern immer nur Stücke davon (sonst ist es zu einfach). Eines der Papiere legt ihr zusammengefaltet in ein Buch, das andere schließt ihr in eine der Schatullen ein und verschließt sie mit dem farbigen Zahlenschloss (das mit der Lösung von den Knotenschnüren).

Und nochmals müsst ihr basteln und zwar eine Decodierscheibe. Schneidet eine zehn und fünfzehn Zentimeter große, runde Scheibe aus einem Stück Karton. Bohrt in den Mitten jeweils ein Loch und verbindet die Scheiben mit einer Rundkopfklammer. Nun habt ihr zwei Scheiben, die man zueinander verdrehen kann. Auf der äußeren Scheibe schreibt ihr nun (wie auf einem Zifferblatt verteilt) die Buchstaben A bis J. Auf der inneren Scheibe die Zahlen 0 bis 9 genau gegenüber der Buchstaben. Bei A steht dann also die 1, bei B die 2 und so weiter. In die Mitte der kleineren Scheibe schreibt ihr noch «Codierer», und schon ist der Codierer fertig.
Diesen Codierer legt ihr in die zweite Schatulle und verschließt sie mit dem Zahlenschloss (Code 1234), das mit dem Code des Pergamenträtsels geöffnet werden kann.
Auf das Lesezeichen schreibt ihr nun A = 3 und legt es in eines der Bücher. Das Decodierrätsel wird später den Schlüssel für das Halsband freigeben.
Dafür benötigt ihr noch einen Zettel, den ihr am Schlüssel für das Halsband befestigt. Auf diesem Zettel steht BDEF.
Das Codiererrätsel löst sich wie folgt. Stellt man A auf 3, stehen nun andere Zahlen den Buchstaben gegenüber.
Bei B ist es die 4, bei D die 6, bei E die 7 und bei F die 8. Der Code für das Schloss wäre also die 4678. Damit lässt sich der Schlüssel für das Halsband lösen, und die Person ist frei. Ihr müsst dieses Zahlenschloss also auf 4678 einstellen
Nun müsst ihr den Schlüssel für das Halsband mit besagtem Schloss irgendwo so befestigen, dass die Person nicht einfach mit dem Halsband hingeht und aufschließt. Erst wenn das Schloss offen ist und sie den Schlüssel in Händen hält, darf sie das Halsband lösen können. Gute Plätze sind das Fußgelenk der Person, eine Kette um den Bauch, die mit dem Schloss verschlossen wird, oder man lässt das Schloss samt Schlüssel von der Decke hängen, sodass die Person es gerade noch mit den Händen erreichen kann.

Vorbereiten der Person

Die Person wird nackt und mit verbundenen Augen in den Raum geführt. Du legst das Halsband um, fädelst ein Ende der Kette in das Schloss und schließt mit dem Schloss das Halsband zu (Code 4678). Nun ist die Person über das Halsband mit der Kette verbunden.

Das andere Ende der Kette befestigt ihr mit dem Schlüsselschloss an einem Bettpfosten oder Ähnliches. Nun befestigt eine Seite der Handschelle ebenfalls an der Kette (circa einen Meter vom Halsband entfernt). Mit der anderen Schelle wird eine Hand der Person fixiert. Das beeinträchtigt nun ihre Bewegungsmöglichkeiten.

Nun kann das Spiel beginnen.

Zuerst legt ihr die Person auf das Bett und erregt sie etwas. Dann erzählt ihr, welche Aufgabe sie hat.

«Du bist jetzt gefangen. Um das Halsband loszubekommen, musst du eine handvoll Rätsel lösen. Ich verlasse nun den Raum, und du darfst die Augenbinde abnehmen und beginnen. Untersuche den Tisch. Alles, was du benötigst, um dich zu befreien, liegt darauf. Allerdings werde ich immer wieder hereinkommen und Spaß mit dir haben. Ob dir das immer gefallen wird, weiß ich nicht.

Viel Spaß!»

Nun verlässt du den Raum und beobachtest sie durch das Schlüsselloch oder einen Spalt in der Tür.

Der Ablauf

- Die Person wird sich nun die Augenbinde abnehmen und sich etwas umschauen.
- Der Schlüssel unter dem Tisch öffnet die Handschellen.

- Wenn sie gründlich sucht, findet sie das Lesezeichen, den Zettel am Schloss für den Schlüssel mit dem Halsband und einen Teil des Pergamenträtsels sowie den Briefumschlag.
- Die vier Fäden aus dem Briefumschlag ergeben den Zahlencode für das Farbschloss der ersten Schatulle.
- Darin findet sie das zweite Pergament.
- Legt sie beide Teile richtig aufeinander, erhält sie den Zahlencode 1234 für die zweite Schatulle.
- Darin liegt der Codierer. Mit dem Lesezeichen (A = 3) kann sie die Zahlenwerte der anderen Buchstaben erträtseln (4678). Hierzu muss sie A auf 3 stellen und kann die Werte ganz einfach ablesen. Diese befinden sich am Schlüssel für das Halsband, das ihr ja irgendwo mit einem Schloss befestigt habt.

Alle fünf bis zehn Minuten geht ihr maskiert in den Raum und habt etwas Spaß. Das kann ein Blowjob sein, Geschlechtsverkehr oder auch allerlei BDSM-Praktiken.
Nach einer Weile verlasst ihr wieder den Raum und sie muss weiterrätseln. Um das Ganze für sie noch schwieriger zu gestalten, könnt ihr ihr ja auch einen fernsteuerbaren Vibrator einführen, den ihr vom Handy aus ab und an vibrieren lasst.
Sollte sie nicht weiterkommen, könnt ihr der Person ja bei euren «Besuchen» kleine Hinweise geben. Das Ganze ist zwar etwas aufwendig, macht aber wirklich Spaß ...

#70 DIE PARKBANK

diverse Toys

Du triffst den fremden Mann auf einer einsamen Parkbank.
So war es vereinbart.
Als du dich dem Ort des Geschehens näherst, sitzt er schon da.
Ihr habt einen Deal geschlossen.
Ein gemeinsamer Spaziergang.
Lediglich zwei Kilometer.
Eine kleine Runde.
Er hat eine Tasche dabei.
Was ist wohl darin?

So oder so ähnlich könnte dieses Rollenspiel beginnen.
Die Idee dahinter ist, dass ihr einen gemeinsamen Spaziergang macht. Idealerweise trefft ihr euch erst am Treffpunkt. So bleibt etwas Zeit, gewisse Dinge für die Person vorzubereiten.
Bei diesem Spaziergang soll alle zweihundert Meter etwas Erotisches passieren. Hierfür benötigt ihr auch die Sextoys.

Die Vorbereitung

Der Organisator muss zuerst eine möglichst einsame Stelle für den Spaziergang finden. Dann überlegt er sich, was an welchen Stellen passieren soll. Vielleicht markiert er die Stellen sogar mit Kreide auf dem Boden.
Er kann auch an einigen Stellen vorher etwas deponieren, wie zum Beispiel ein Sextoy (das dann benutzt werden muss) oder einen Brief mit Anweisungen oder eine Augenbinde.

An nachfolgendem Beispiel könnt ihr euch etwas orientieren.

Beispielhafter Ablauf (für eine Frau)

- Es wird eine Kleiderordnung ausgesprochen, wie zum Beispiel Heels, Reizwäsche, ein kurzes Kleid.
- Treffpunkt ist an einer Bank am Waldrand.
- Aufgabe 1: Die Person muss ihren Slip ausziehen und übergeben.
- Dann läuft man los. Zwischendrin kann der Organisator ja mal etwas unter den Rock greifen. (Der Einfachheit halber lasse ich nun die Laufstrecken jeweils weg).
- Aufgabe 2: Blowjob geben.
- Aufgabe 3: Hier ist ein Vibrator versteckt, den die Person erst suchen und dann benutzen muss.
- Aufgabe 4: Sie muss die nächsten 200 Meter nackt gehen und das Kleid somit ausziehen.
- Aufgabe 5: Sie muss sich an einen Baum lehnen und bekommt ein paar Schläge auf den nackten Po.
- Aufgabe 6: An einem Zweig findet sie sechs Wäscheklammern und einen Zettel. Darauf steht, dass sie diese nun an ihren Schamlippen befestigen muss, bis sie an der nächsten Station angekommen ist.
- Aufgabe 7: Bis zur nächsten Station muss sie etwas vom Boden aufsammeln oder vom Baum abreißen. An der nächsten Station angekommen, muss sie es sich in den Po stecken, und es wird ein Foto gemacht.
- Aufgabe 8: Sie muss sich nackt auf den Boden legen und ihre Beine weit spreizen. Ihre Hände liegen hinter dem Nacken. Nun wird sie heftig gefingert, darf aber nicht kommen.
- Aufgabe 9: Sie muss «Fischers Fritz fischt frische Fische, frische Fische fischt Fischers Fritz» dreimal fehlerfrei aufsagen. Bei jedem Fehler bekommt sie eine der Wäscheklammern an die Brust gesetzt.

- Aufgabe 10: Die nächste Teilstrecke läuft sie mit einem Plug im Po.
- Aufgabe 11: Ihr seid nun am Auto angekommen. Die Person muss sich entkleiden und 100 Meter neben dem Auto herlaufen.

Bei Männern kann man alternativ zum Beispiel Gewichte an die Hoden hängen, stramme Gummibänder um den Penis legen oder ihn Heels tragen lassen.
Das sind natürlich nur Beispiele, die ihr beliebig verändern könnt. Da ihr in der Öffentlichkeit unterwegs seid, solltet ihr den Ort und die Zeit so wählen, dass ihr unentdeckt bleibt.
Als Erweiterung könnt ihr euch zum Beispiel auch ein zweites Paar suchen und hierfür die Frauen tauschen.

Risiken: **gering, Erregung öffentlichen Ärgernisses**

#71 DADDY & LOLITA

egal

Es ist sicherlich eine Neigung, die es nicht so häufig gibt, aber ich will sie der Vollständigkeit halber hier mit aufnehmen. Um Missverständnissen gleich vorzubeugen: Es geht hier nicht darum, Sex mit Minderjährigen zu haben, sondern darum, das Kind in sich zu entdecken. Man kann spielerisch in eine kindliche Rolle schlüpfen, in der man Schutz und Geborgenheit hat.
Der Klassiker bei diesem Rollenspiel ist die «Lolita» aus dem gleichnamigen Buch von Nabokov. Es geht in diesem Buch um

die verbotene Liebesbeziehung eines Literaturprofessors mit der zwölfjährigen Tochter seiner Vermieterin.
Er nennt sie Lolita, und die Begegnung ist der Beginn einer unglücklichen Leidenschaft, die das Paar zwei Jahre lang quer durch Amerika führt. Nach dem Mord an einem Nebenbuhler landet er schließlich im Gefängnis, wo er seine Geschichte aufschreibt.
Der Fachbegriff hierbei ist Daddy-Kink, und der männliche Part ist meist ein dominanter, älterer Mann, und die «Lolita» gibt das freche Schulmädchen.
Ein weiterer Bereich ist DDLG (Daddy Dom& Little Girl).
Hier schlüpft die Frau in die Rolle der schutzbedürftigen Jugendlichen oder des Teenys und der Mann in die Rolle des Daddys. In der Szene spricht man aber lieber von Caregiver (also Schutzgeber, Beschützer).
Auch für diese sexuellen Spielarten gibt es entsprechende Foren im Internet, in denen man sich Anregungen holen kann. DDLG und Daddy-Kink haben nichts mit Inzest oder Kindesmissbrauch zu tun, sondern sind Rollenspiele unter Erwachsenen. Ebenso wenig sollen hier sexuelle Handlungen mit Minderjährigen angepriesen oder zu diesen ermutigt werden.

Was benötigt man dazu?
Je nachdem, welchen Alters das Little ist, ist das natürlich unterschiedlich ausgeprägt. Ganz generell werden dabei gerne Babydolls, süße Unterwäsche mit Herzchen und Einhörnern, Teddybären, Schnuller, Lollys, Krabbeldecken, Schulmädchenoutfits und so weiter verwendet.

Welche Spielarten gibt es nun?
- Doktorspiele
- Spieldecke mit Teddy
- Mandalas ausmalen (aber wehe, es wird über die Linie gemalt)

- Kleidersuche/anprobieren
- übers Knie legen, wenn sie frech war
- kuscheln
- Kinderfilme anschauen (Pippi Langstrumpf)
- verstecken spielen, kitzeln und raufen
- Haare kämmen
- Körperpflege, dazu gehört auch gebadet werden
    - Hornhautkontrolle
    - Fingernägelkontrolle
    - Fußnägelkontrolle
    - Körpergeruch prüfen
    - Ohren sauber?
- auf dem Schoß sitzen/liegen
- «Nasenküsse» geben
- Spielzeug und Kuscheltiere kaufen gehen
- vorlesen
- Kleiderordnung, Kleidung bestimmen
- Bettgehzeiten und Aufwachzeiten festlegen
- ins Bett bringen
- um Erlaubnis bitten wegzugehen, Freunde zu treffen
- Pünktlichkeitskontrolle, sonst gibt es Strafe
- Kontrolle von Aufgaben, Haushalt, Ordnung und so weiter
- Sauberkeit des Zimmers und des Bads kontrollieren
- sexuelles Reizen des Daddy durch das kokette Little
- bei Daddy schlafen
- Jungfrauentest durchführen
- erste sexuelle Erfahrung machen lassen
    - Selbstbefriedigung
    - Blowjob geben
    - Sex haben

Es geht also zum einen um das «kindliche Spielen», aber auch um Kontrolle, Anleitung, Bestrafung und um die Führung der jungen Dame bis hin zur Sexualität.
Anmerkung: Eine besondere Ausprägung dieses Szenarios ist der Sugardaddy. Hierbei suchen junge Frauen einen älteren Mann, der sie finanziell aushält und im Gegenzug Zeit mit der jungen Frau bekommt. Ob diese zum Ausgehen, für Theaterbesuche, gemeinsame Urlaube oder auch für Sex genutzt wird, ist sehr individuell. Hier entwickelt sich meist ein sehr vertrautes Verhältnis, auch wenn es natürlich um Geld geht.

#72 DIE ANHALTERIN

Kondome

Die Anhalterin ist auch ein klassisches Rollenspiel, das seit vielen Jahren gespielt wird. Das Schöne an diesem Szenario ist, dass man daraus einige Varianten ableiten kann.

1. Gespielte Entführung/Vergewaltigung
2. Kleine Erpressung
3. Anhalterkette

Da ich Punkt eins schon anderweitig beschrieben habe, konzentriere ich mich nun auf die Punkte zwei und drei.

Die Erpressung

Bei diesem Rollenspiel gelten bestimmte Regeln, die der Frau mitgeteilt werden:

- Alles, was angedroht wird, wird gegebenenfalls auch gemacht.
- Die Frau weiß nur, dass sie eine Anhalterin ist.
- Die Frau wird an die Stelle gebracht, kann also nicht allein dort wegkommen.
- Nach dem Aussetzen dauert es circa fünfzehn Minuten, bis das Spiel beginnt.
- Sobald ein Auto hält, hat sie zu fragen, ob der Mann sie mitnehmen kann.
- Die Frau hat zu dem Fahrer einzusteigen, egal wer es ist (ein Hinweis stellt sicher, dass es auch der Richtige ist).

Die Anhalterin steht also am Straßenrand oder auf einem Waldparkplatz (sucht euch bitte einen einsamen). Sie ist lässig gekleidet, mit einem kurzen Kleid und einer Handtasche.

Ablauf

Du stoppst, sie öffnet die Beifahrertür und fragt, ob du sie mitnehmen kannst.
Natürlich kannst du das.
Sie steigt ein, und bevor sie sich recht versieht, nimmst du ihr die Handtasche weg. Da sich ihr Handy, der Geldbeutel und allerlei Privates darin befinden, protestiert sie natürlich.
«So, Kleines, wenn du deine Handtasche wiederhaben willst, musst du mir dafür etwas geben. Zuallererst ziehst du deinen Slip aus und gibst ihn mir.»
Es entspinnt sich nun sicherlich eine kleine Diskussion, aber du bleibst hart. Letztendlich gibt sie ihn dir, und du riechst daran. Riecht er nach Lust und Geilheit?

Doch das ist noch nicht alles. Nun muss sie das Auto verlassen und sich vor das Auto stellen. Du verschließt die Türen und öffnest das Fenster einen Spalt. Wenn ihr das Spiel nachts spielt, kannst du sie mit den Scheinwerfern anleuchten.
«Und jetzt gibst du mir dein Kleid.»
Nun wird sie sich langsam nervös umschauen, ob es Fremde gibt, die sie dabei sehen könnten. Zur mentalen Unterstützung kannst du ihr nun mitteilen, dass du in zehn Sekunden samt ihrer Handtasche davonfährst, sollte sie nicht gleich nackt sein.
Sie zieht sich schließlich aus. Du öffnest das Seitenfenster etwas weiter und lässt dir das Kleid geben.
Wie das Spiel nun weitergeht, bleibt euch überlassen. Vielleicht fickst du sie auf der Kühlerhaube oder lässt dir noch einen Blowjob geben?
Am Ende gibst du ihr auf jeden Fall die Handtasche und das Kleid zurück und fährst davon.
Fünfzehn Minuten später sammelst du sie wieder ein. So hat sie Zeit, das Erlebte etwas sacken zu lassen und nachzuspüren.
Besonders kickt dieses Spiel, wenn sich zwei Paare dazu verabreden und die Damen tauschen.

Die Anhalterkette

Hierfür benötigt man einige männliche Mitspieler.
Und auch bei diesem Rollenspiel gelten bestimmte Regeln, die der Frau mitgeteilt werden:

Die Frau weiß nur, dass sie eine Anhalterin ist und am Bahnhof von Musterstadt den Fahrer eines roten Audi bitten soll, sie mitzunehmen.

- Die Frau hat zu dem Fahrer einzusteigen, egal wer es ist.
- Die Frau wird tun, was von ihr verlangt wird.

Das Spiel läuft wie folgt ab:
Die Dame muss eine größere Strecke als Anhalterin zurücklegen. Hierfür wird sie allerdings nicht einen einzigen Fahrer finden, sondern muss von Fahrer zu Fahrer wechseln, um an ihr Ziel zu kommen. Die Dame fährt also mit dem Zug circa zwanzig Kilometer von zu Hause weg.
Am Bahnhofsvorplatz sucht sie den roten Audi (kann natürlich auch ein anderes Fahrzeug sein) und fragt den Fahrer, ob er sie in ihre Heimatstadt mitnehmen könne. Natürlich bejaht er das, und sie steigt ein. Schon kurz nach Beginn der Fahrt legt er seine Hand auf ihren Oberschenkel.
Die Dame kennt die Regeln des Spiels und lässt das zu. Der Fahrer wird mutiger und hält schließlich auf einem uneinsichtigen Waldweg. Nun nimmt er sich, was er will, und die Frau hat sich hinzugeben. Sobald er sich befriedigt hat, steigt er in sein Auto und fährt weg. Die Frau bleibt etwas ratlos zurück.
Doch schon nach wenigen Minuten hält ein anderer Wagen, und der freundliche Fahrer fragt, ob er sie mitnehmen soll.
Natürlich soll er das ... Auf diese Art und Weise findet sie den Weg dann wieder nach Hause.
Dieses Szenario kann man auch noch etwas variieren, indem sie vom ersten Fahrer einen Brief überreicht bekommt. In diesem Brief steht Folgendes:

«Nun beginnt deine Odyssee, die dich nach Hause führen wird. Du wirst Menschen begegnen, die etwas von dir wollen ... und du wirst es ihnen geben. Jede Begegnung wird dir als Beweis, dass du brav warst, eine Beweiskarte geben. Enttäusche mich nicht, und bringe mir alle Beweiskarten nach Hause!»

Die verschiedenen Fahrer sind nun also erotische Stationen, die die Frau treffen muss.

Man kann nun jedem Fahrer eine bestimmte Aufgabe geben. Diese Aufgabe steht auch auf den Beweiskarten, die sie nach der Erfüllung der Aufgabe vom Fahrer erhält.

Beispiele

- Fahrer 1: Blowjob geben.
- Fahrerin 2: Die Fahrerin leckt ihre Pussy.
- Fahrer 3: Ein Quickie.
- Fahrer 4 ist ein Paar: Beide mit dem Mund verwöhnen.
- Fahrer 5: Befriedigt sie mit einem Vibrator.

Die Beweiskarten kann man während der Vorbereitung ganz einfach ausdrucken und dem jeweiligen Fahrer übergeben. So weiß er auch genau, was er zu fordern hat.

Risiken: **Erregung öffentlichen Ärgernisses**

#73 DRILL INSTRUCTOR

Matte, Gerte, Trainingsplan, Gewichte und Klammern und so weiter

In amerikanischen Kriegsfilmen sieht man ihn häufig: den Drill Instructor, der die Rekruten lautstark schleift. Auch daraus kann man ein herrliches Rollenspiel machen.
Es wird also angetreten. Im Vorfeld erstellt man sich einen Trainingsplan. Hierin werden die Übungen sowie die Sollzeit oder Sollanzahl eingetragen. Dahinter gibt es eine Spalte für das erreichte Ergebnis.

Die Person hat sich in leichter Sportbekleidung vor den Drill Instructor hinzustellen. Dieser übernimmt ab sofort das Kommando. Als Zeichen seiner Macht hat er eine Gerte in der Hand, die er auch einsetzt, sollte der Rekrut sich nicht ausreichend anstrengen.
Der Rekrut schaut geradeaus, und seine Hände liegen «an der Hosennaht», also rechts und links neben den Oberschenkeln. Nun eröffnet der Drill Instructor dem Rekruten, dass ein hartes Training angesetzt ist. Das Training dauert eine Stunde, und es wird erwartet, dass der Rekrut alle Ziele des Trainingsplans erreicht. Ansonsten gibt es Strafen ... harte Strafen!
Der Trainingsplan wird kurz vorgelesen, und dann beginnt es.
Im Normalfall beginnt man mit etwas Gymnastik zum Aufwärmen, das verringert das Verletzungsrisiko. Spielt man outdoor, kann ein zehnminütiger Dauerlauf verlangt werden. Im Internet finden sich viele dieser Übungen inklusive Illustration.

Das Aufwärmen

- 2 Minuten auf der Stelle laufen (Knie weit nach oben, ansonsten gibt es mit der Gerte ein paar motivierende Schläge auf den Po)
- 5 Kniebeugen
- 20 Rumpfbeugen
- 5 Liegestütze
- 1 Minute die Arme gerade nach vorne strecken

Nun beginnt das eigentliche Training. Hierzu muss sich die Person erst einmal völlig entkleiden und wird kurz gemustert. Betastet die Muskeln, schaut euch das Gebiss an, und lasst die Person sich nach vorne beugen und die Pobacken auseinanderziehen. Natürlich ist auch ein kurzer Griff an die primären und sekundären Geschlechtsteile möglich.
Nun wird es also ernst.

Bei den nächsten Übungen könnt ihr die Bedingungen erschweren. Bei Liegestützen stellt ihr einen Fuß auf den Rücken der Person, oder ihr befestigt Klammern an Brust, Hoden oder Schamlippen. Man kann auch mit Schnüren oder Klammern Gewichte an Hoden oder Schamlippen befestigen. Es gibt sogar spezielle Hodengewichte, die die Person eventuell tragen muss. Und natürlich kann man der Person auch einen Analplug oder Liebeskugeln einführen.

Das Internet ist voll von Sport- und Fitnessprogrammen in verschiedenen Schwierigkeitsstufen. Eurer Fantasie sind keine Grenzen gesetzt, wie ihr diese Übungen erotisch variieren wollt.

Achtet dabei darauf, dass die Person auch kleine Ruhezeiten bekommt, nicht dass das Spiel wegen Erschöpfung nach fünf Minuten zu Ende ist.

Bereitet auf jeden Fall den Trainingsplan gut vor, damit ihr im Spiel genügend Übungen habt und es nicht zu einem Stocken kommt. Wechselt dabei Kraft-, Dehnungs- und Ausdauerübungen ab.

Irgendwann ist die Person erschöpft und liegt euch zu Füßen. Das ist der Moment, um sich der Person sexuell zu nähern. Zum Beispiel könnt ihr euch nun auf ihr Gesicht setzen und euch lecken lassen, und auch ein Blowjob wäre doch ein passendes «Happy Ending».

Danach schickt ihr die Person zum Duschen.

Im Übrigen kann man dieses Rollenspiel auch durchaus als Abnehmmethode einsetzen. Dann hat das Ganze nicht nur einen erotischen, sondern auch gesundheitlichen Nebeneffekt.

Risiken: **Erregung öffentlichen Ärgernisses**

74 DIE LUST AM FUSS

Halterlose, Massageöl, eine Waschwanne, Seife, Augenbinde

Fuß- oder auch Schuherotik ist weiter verbreitet, als man denkt, daher heißt dieses Szenario auch «Lust am Fuß».

Der Fuß ist zum einen ein sehr sensibles Körperteil – hier laufen viele Akupressurpunkte zusammen -, und auf der anderen Seite ist der Fuß auch Sinnbild der Unterwerfung unter die Macht der Frau.

Wie läuft so eine Fußsession nun ab? Das ist abhängig von den persönlichen Vorstellungen. Aber auch hier hilft ein Beispiel weiter: Die Dame kommt von der Arbeit nach Hause. Ihre Heels drücken sie, und die Strümpfe möchte sie auch möglichst bald loswerden.

Ihr Fußdiener wartet bereits an der Tür. Zur Begrüßung küsst er der Fußherrin ausgiebig die Füße. Dann hilft er ihr aus den Schuhen und küsst und leckt ihr auch die bestrumpften Füße.

Die Dame nimmt Platz, und der Fußdiener geht auf alle viere und dient erst einmal als Fußbank, auf der die Dame ihre Füße ablegt. Natürlich steht auch ein Glas Sekt für sie bereit.

Nach einer Weile geht es weiter. Der Diener hilft der Dame beim Ausziehen der Strümpfe, und vielleicht darf er auch noch etwas an ihnen riechen.

Nun erfolgt eine Waschung. Eine kleine Waschwanne, lauwarmes Wasser, etwas Seife und ein Handtuch stehen bereit. Nun werden zuerst die Füße der Dame gereinigt und zwar einer nach dem anderen.

Danach gelüstet es der Dame nach einer Fußmassage. Aber vorher möchte sie, dass der Diener ihre Füße erst einmal komplett mit

der Zunge nachreinigt. Natürlich auch zwischen den Zehen. Hier sollte die Dame ihre Augen ruhig einmal schließen und sich dem Gefühl hingeben.
Nun nimmt der Diener ein wohlriechendes Massageöl und massiert die Füße der Dame ausgiebig. Wie man so etwas richtig macht, findet ihr leicht im Internet.
Vielleicht bekommt die Dame nun Lust auf mehr? Sie beginnt den Schwanz des Dieners mit den Füßen zu reizen und zu reiben – das nennt man Footjob. Sie knetet seine Hoden oder tritt sie leicht (Trampling).
Er muss sich schließlich auf den Rücken legen. Die Dame schiebt ihm ihre Zehen in den Mund oder trampelt etwas auf ihm herum. Vielleicht stopft sie ihm auch die ausgezogene Strumpfhose in den Mund oder legt sie auf sein Gesicht?
Natürlich kann sie die Strumpfhose auch über sein bestes Stück ziehen und ihn damit genüsslich abwichsen.
Ihr seht, es gibt viele Möglichkeiten, mit Füßen Spaß zu haben!

#75 DARTSPIEL

Dartscheibe oder Dartautomat

Um dieses Szenario zu erklären gehen wir davon aus, dass drei männliche Spieler und eine Dame anwesend sind.
Die Herren vereinbaren zuerst welches Spiel gespielt wird. Idealerweise wählt man eines, das nicht so lange dauert (301 ohne double in/out).

Der jeweilige Sieger einer Runde darf sich dann etwas von der Dame wünschen.

Am Anfang kann dies noch ein Kleidungsstück sein.

Nach wenigen Runden wird die Dame dann nackt zur Verfügung stehen. Natürlich muss sie nebenher die Spieler auch mit Getränke usw. versorgen.

Nach und nach wird das Ganze dann expliziter. Es kommt zu sexuellen Aktivitäten bis hin zu BDSM Praktiken.

Vorher werden einige Regeln aufgestellt. Hier ein paar Beispiele:

- Nennung der Tabus die eingehalten werden müssen
- Der Sieger darf sich maximal 5 Minuten mit der Dame beschäftigen (Es geht ja auch ums Dart spielen)
- Damit auch die schlechteren Dartspieler «drankommen», muss jeder dritte Sieg an einen anderen Spieler geschenkt werden
- Nicht gleich zu Anfang zu hart einsteigen, damit die Dame nicht schon nach einer Stunde aufgeben muss

NACHWORT

Das war das letzte Szenario, und das Buch kommt nun zu seinem Ende.
Ich hoffe, euch einige Anregungen gegeben zu haben, möchte aber nochmals darauf hinweisen, dass ich keine Haftung für euer Tun übernehme. Geht mit gesundem Menschenverstand an die Sache heran, macht nur Dinge, die ihr könnt und beherrscht, zwingt niemanden zu etwas, und achtet auf eure Sicherheit und darauf, dass ihr niemanden belästigt.
Nachfolgend noch ein paar nützliche Informationen.

Viel Spaß!
Woschofius

WEITERE BÜCHER DES AUTORS

«Das Höllentor» (Fotoband mit Novelle)

«Der Luzidus» (Fotoband mit Novelle)

«Tortura Fortunae» (SM-erotischer Roman)

«Tortura Insomniae» (SM-erotischer Roman, Fortsetzung)

«Tag- und Nachtwaerke» (SM-erotische Kurzgeschichten)

«Das Buch der Strafen – Teil 1» (Sachbuch)

«Das Buch der Strafen – Teil 2» (Sachbuch)

«Schädelfick» (Kurzgeschichten)